胡适 著

此间的少年

国际文化出版公司

·北京·

图书在版编目（CIP）数据

此间的少年/胡适著. —北京：国际文化出版公司，2013.11

ISBN 978-7-5125-0614-5

Ⅰ.①此… Ⅱ.①胡… Ⅲ.①胡适（1891～1962）-文集 Ⅳ.①C53

中国版本图书馆CIP数据核字（2013）第281377号

此间的少年

作　　者	胡　适
责任编辑	戴　婕
统筹监制	葛宏峰　王文侠
策划编辑	福茂茂
美术编辑	李丹丹
市场推广	胡红叶
出版发行	国际文化出版公司
经　　销	国文润华文化传媒（北京）有限责任公司
印　　刷	阳谷毕升印务有限公司
开　　本	710毫米×1000毫米　　16开
	15印张　　　　　　　214千字
版　　次	2014年1月第1版
	2020年1月第3次印刷
书　　号	ISBN 978-7-5125-0614-5
定　　价	38.00元

国际文化出版公司

北京朝阳区东土城路乙9号　　邮编：100013

总编室：（010）64271551　　传真：（010）64271578

销售热线：（010）64271187

传真：（010）64271187-800

E-mail：icpc@95777.sina.net

http://www.sinoread.com

在纷乱的喊声里，立定脚跟，

打定主意，救出你自己，

努力把你这块材料铸造成个有用的东西！

出版说明

为了保持胡适著作的原貌，又能给现代读者提供方便的胡适读本，编者参考了多个版本，并对照原文，重新做了校订，主要校订原则如下：

一、旧时的习惯用法，如"哪"之作"那"、"很"之作"狠"等，根据现行语言文字规范加以改正，其他不作任何改动，保持原貌。

二、对外国人名、地名等，如"易卜生"之作"伊卜生"、"牛顿"之作"牛敦"、"培根"之作"倍根"、"歌德"之作"葛德"、"富兰克林"之作"弗兰克令"、"伽利略"之作"葛理略"等，一般不作任何改动，保持原貌。

三、编者根据编选需要，对一些文章进行了增删的，一律在文中添加注释进行说明。

序言 ——— **少年中国之精神**[①]

前番太炎先生，话里面说现在青年的四种弱点，都是很可使我们反省的。他的意思是要我们少年人：（一）不要把事情看得太容易了；（二）不要妄想凭藉已成的势力；（三）不要虚慕文明；（四）不要好高骛远。这四条都是消极的忠告。我现在且从积极一方面提出几个观念，和各位同志商酌。

一　少年中国的逻辑

逻辑即是思想、辩论、办事的方法。一般中国人现在最缺乏的就是一种正当的方法。因为方法缺乏，所以有下列的几种现象：（一）灵异鬼怪的迷信，如上海的盛德坛及各地的各种迷信；（二）谩骂无理的议论；（三）用"诗云子曰"作根据的议论；（四）把西洋古人当作无上真理的议论。还有一种平常人不很注意

---

① 胡适 1919 年 7 月在少年中国学会上的演讲。

的怪状，我且称他为"目的热"。"目的热"就是迷信一些空虚的大话，认为高尚的目的，全不问这种观念的意义究竟如何。今天有人说："我主张统一和平"，大家齐声喝彩，就请他做内阁总理；明天又有人说："我主张和平统一"，大家又齐声叫好，就举他做大总统；此外还有什么"爱国"哪，"护法"哪，"孔教"哪，"卫道"哪……许多空虚的名词；意义不曾确定，也都有许多人随声附和，认为天经地义，这便是我所说的"目的热"。以上所说各种现象都是缺乏方法的表示。我们既然自认为"少年中国"，不可不有一种新方法；这种新方法，应该是科学的方法。科学方法，不是我在这短促时间里所能详细讨论的，我且略说科学方法的要点：

第一，注重事实。科学方法是用事实作起点的，不要问孔子怎么说，柏拉图怎么说，康德怎么说；我们须要先从研究事实下手，凡游历、调查、统计等事都属于此项。

第二，注重假设。单研究事实，算不得科学方法。王阳明对着庭前的竹子做了七天的"格物"工夫，格不出什么道理来，反病倒了，这是笨伯的"格物"方法。科学家最重"假设"（Hypothesis）。观察事物之后，自说有几个假定的意思，我们应该把每一个假设所涵的意义彻底想出，看那些意义是否可以解释所观察的事实？是否可以解决所遇的疑难？所以要博学，正是因为博学方才可以有许多假设，学问只是供给我们种种假设的来源。

第三，注重证实。许多假设之中，我们挑出一个，认为最合用的假设，但是这个假设是否真正合用？必须实地证明。有时候，证实是很容易的；有时候，必须用"试验"方才可以证实。证实了的假设，方可说是"真"的，方才可用。一切古人今人的主张、东哲西哲的学说，若不曾经过这一层证实的工夫，只可作为待证的假设，不配认作真埋。

少年的中国，中国的少年，不可不时时刻刻保存这种科学的方法，实验的态度。

二　少年中国的人生观

现在中国有几种人生观都是"少年中国"的仇敌：第一种是醉生梦死的无意识生活，固然不消说了；第二种是退缩的人生观，如静坐会的人，如坐禅学佛的人，都只是消极的缩头主义。这些人没有生活的胆子，不敢冒险，只求平安，所以变成一班退缩懦夫；第三种是野心的投机主义，这种人虽不退缩，但为完全自己的私利起见，所以他们不惜利用他人，作他们自己的器具，不惜牺牲别人的人格和自己的人格，来满足自己的野心，到了紧要关头，不惜作伪，不惜作恶，不顾社会的公共幸福，以求达他们自己的目的。这三种人生观都是我们该反对的。少年中国的人生观，依我个人看来，该有下列的几种要素：

第一，须有批评的精神。一切习惯、风俗、制度的改良，都起于一点批评的眼光。个人的行为和社会的习俗，都最容易陷入机械的习惯，到了"机械的习惯"的时代，样样事都不知不觉的做去，全不理会何以要这样做，只晓得人家都这样做故我也这样做。这样的个人便成了无意识的两脚机器，这样的社会便成了无生气的守旧社会。我们如果发愿要造成少年的中国，第一步便须有一种批评的精神；批评的精神不是别的，就是随时随地都要问我为什么要这样做？为什么不那样做？

第二，须有冒险进取的精神。我们须要认定这个世界是很多危险的，是不太平的，是需要冒险的。世界的缺点很多，是要我们来补救的；世界的痛苦很多，是要我们来减少的；世界的危险很多，是要我们来冒险进取的。俗话说得好："成人不自在，自在不成人。"我们要做一个人，岂可贪图自在；我们要想造一个"少年的中国"，岂可不冒险。这个世界是给我们活动的大舞台，我们既上了台，便应该老着面皮，拼着头皮，大着胆子，干将起来；那些缩进后台去静坐的人都是懦夫，那些袖着双手只会看戏的人，也都是懦夫。这个世界岂是给我们静坐旁观的吗？那些厌恶这个世界，梦想超生别的世界的人，更是懦夫，不用说了。

第三，须要有社会协进的观念。上条所说的冒险进取，并不是野心的，自私自利的。我们既认定这个世界是给我们活动的，又须认定人类的生活全是社会的生活，社会是有机的组织，全体影响个人，个人影响全体。社会的活动全是互助的，你靠他帮忙，他靠你帮忙，我又靠你同他帮忙，你同他又靠我帮忙；你少说了一句话，我或者不是我现在的样子，我多尽了一分力，你或者也不是你现在这个样子，我和你多尽了一分力，或少做了一点事，社会的全体也许不是现在这个样子，这便是社会协进的观念。有这个观念，我们自然把人人都看作同力合作的伴侣，自然会尊重人人的人格了。有这个观念，我们自然觉得我们的一举一动都和社会有关，自然不肯为社会造恶因，自然要努力为社会种善果，自然不致变成自私自利的野心投机家了。

少年的中国，中国的少年，不可不时时刻刻保存这种批评的、冒险进取的、社会的人生观。

三 少年中国的精神

少年中国的精神并不是别的，就是上文所说的逻辑和人生观。我且说一件故事做我这番谈话的结论：诸君读过英国史的，一定知道英国前世纪有一种宗教革新的运动，历史上称为"牛津运动"（The Oxford Movement），这种运动的几个领袖如客白尔（Keble）、纽曼（Newman）、福鲁德（Froude）诸人，痛恨英国国教的腐败，想大大的改革一番。这个运动未起事之先，这几位领袖做了一些宗教性的诗歌，写在一个册子上，纽曼摘了一句荷马的诗题在册子上，那句诗是"You shall see the difference now that we are back again！"翻译出来即是"如今我们回来了，你们看便不同了！"

少年的中国，中国的少年，我们也该时时刻刻记着这句话：如今我们回来了，你们看便不同了！

这便是少年中国的精神。

目 录

第一章

介绍我自己的小时代

我就这样出门去了，向那不可知的人海里，去寻求我自己的
教育和生活，——孤零零的一个小孩子，所有的防身之具只
是一个慈母的爱，一点点用功的习惯，和一点点怀疑的倾向。

九年的家乡教育

原载《新月》第三卷第三期

一九三一年五月十日

一

我生在光绪十七年十一月十七日（一八九一年十二月十七日），那时候我家寄住在上海大东门外。我生后两个月，我父亲被台湾巡抚邵友濂奏调往台湾；江苏巡抚奏请免调，没有效果。我父亲于十八年二月底到台湾，我母亲和我搬到川沙住了一年。十九年（一八九三）二月廿六日我们一家（我母，四叔介如，二哥嗣秬，三哥嗣秠）也从上海到台湾。我们在台南住了十个月。十九年五月，我父亲做台东直隶州知州，兼统镇海后军各营。台东是新设的州，一切草创，故我父不带家眷去。到十九年底，我们才到台东。我们在台东住了整一年。

甲午（一八九四）中日战事开始，台湾也在备战的区域，恰好介如四叔来台湾，我父亲便托他把家眷送回徽州故乡，只留二哥嗣秬跟着他在台东。我们于乙未年（一八九五）正月离开台湾，二月初十日从上海起程回绩溪故乡。

那年四月，中日和议成，把台湾割让给日本。台湾绅民反对割台，要求巡抚唐景崧坚守。唐景崧请西洋各国出来干涉，各国不允。台人公请唐为台湾民主国大总统，帮办军务刘永福为主军大总统。我父亲在台东办后山的防务，电报已不通，饷源已断绝。那时他已得脚气病，左脚已不能行动。他守到闰五月初三日，始离开后山。到安平时，刘永福苦苦留他帮忙，不肯放行。到六月廿五日，他双脚都不能动了，刘永福始放他行。六月廿八日到厦门，手足俱不能动了。七月初三日他死在厦门。

这时候我只有三岁零八个月。我仿佛记得我父死信到家时，我母亲正在家中老屋的前堂，她坐在房门口的椅子上。她听见读信人读到我父亲的死信，身子往后一倒，连椅子倒在房门槛上。东边房门口坐的珍伯母也放声大哭起来。一时满屋都是哭声，我只觉得天地都翻覆了！我只仿佛记得这一点凄惨的情状，其余都不记得了。

二

我父亲死时，我母亲只有二十三岁。我父初娶冯氏，结婚不久便遭太平天国之乱，同治二年（一八六三）死在兵乱里。次娶曹氏，生了三个儿子，三个女儿，死于光绪四年（一八七八）。我父亲因家贫，又有志远游，故久不续娶。到光绪十五年（一八八九），他在江苏候补，生活稍稍安定，他才续娶我的母亲。我母亲结婚后三天，我的大哥嗣稼也娶亲了。那时我的大姊已出嫁生了儿子。大姊比我母亲大七岁。大哥比她大两岁。二姊是从小抱给人家的。三姊比我母亲小三岁，二哥三哥（孪生的）比她小四岁。这样一个家庭里忽然来了一个十七岁的后母，她的地位自然十分困难，她的生活自然免不了苦痛。

结婚后不久，我父亲把她接到了上海同住。她脱离了大家庭的痛苦，我父又很爱她，每日在百忙中教她认字读书，这几年的生活是很快乐的。我小时也很得我父亲钟爱，不满三岁时，他便把教我母亲的红纸方字教我认。父亲作教师，母亲便在旁作助教。我认的是生字，她便借此温她的熟字。他太忙时，她便是代理教师。我们离开台湾时，她认得了近千字，我也认了七百多字。这些方字都是我父亲亲手写的楷字，我母亲终身保存着，因为这些方块红笺上都是我们三个人的最神圣的团居生活的记念。

我母亲二十三岁就做了寡妇，从此以后，又过了二十三年。这二十三年的生活真是十分苦痛的生活，只因为还有我这一点骨血，她含辛茹苦，把全副希望寄托在我的渺茫不可知的将来，这一点希望居然使她挣扎着活了二十三年。

我父亲在临死之前两个多月，写了几张遗嘱，我母亲和四个儿子每人各有一张，每张只有几句话。给我母亲的遗嘱上说糜儿（我的名字叫嗣糜，糜字音门）天资颇聪明，应该令他读书。给我的遗嘱也教我努力读书上进。这寥寥几句话在我的一生很有重大的影响。我十一岁的时候，二哥和三哥都在家，有一天我母亲问他们道：“糜今年十一岁了。你老子叫他念书。你们看看他念书念得出吗？”二哥不曾开口，三哥冷笑道，“哼，念书！”二哥始终没有说什么。我母亲忍气坐了一会，回到了房里才敢掉眼泪。她不敢得罪他们，因为一家的财政权全在二哥的手里，我若出门求学是要靠他供给学费的。所以她只能掉眼泪，终不敢哭。

但父亲的遗嘱究竟是父亲的遗嘱，我是应该念书的。况且我小时很聪明，四乡的人都知道三先生的小儿子是能够念书的。所以隔了两年，三哥往上海医肺病，我便跟他出门求学了。

三

我在台湾时，大病了半年，故身体很弱。回家乡时，我号称五岁了，还不能跨一个七八寸高的门槛。但我母亲望我念书的心很切，故到家的时候，我才满三岁零几个月，就在我四叔父介如先生（名玠）的学堂里读书了。我的身体太小，他们抱我坐在一只高凳子上面。我坐上了就爬不下来，还要别人抱下来。但我在学堂并不算最低级的学生，因为我进学堂之前已认得近一千字了。

因为我的程度不算“破蒙”的学生，故我不须念《三字经》，《千字文》，《百家姓》，《神童诗》一类的书。我念的第一部书是我父亲自己编的一部四言韵文，叫做《学为人诗》，他亲笔抄写了给我的。这部书说的是做人的道理。我把开头几行抄在这里：

为人之道，在率其性。

子臣弟友，循理之正；

谨乎庸言，勉乎庸行；

以学为人，以期作圣。

……

以下分说五伦。最后三节，因为可以代表我父亲的思想，我也抄在这里：

五常之中，不幸有变，

名分攸关，不容稍紊。

义之所在，身可以殉。

求仁得仁，无所尤怨。

古之学者，察于人伦，

因亲及亲，九族克敦；

因爱推爱，万物同仁。

能尽其性，斯为圣人。

经籍所载，师儒所述，

为人之道，非有他术：

穷理致和，返躬践实，

黾勉于学，守道勿失。

我念的第二部书也是我父亲编的一部四言韵文，名叫《原学》，是一部略述哲理的书。

这两部书虽是韵文，先生仍讲不了，我也懂不了。

我念的第三部书叫做《律诗六钞》，我不记得是谁选的了。三十多年来，我不曾重见这部书，故没有机会考出此书的编者；依我的猜测，似是姚鼐的选本，但我不敢坚持此说。这一册诗全是律诗，我读了虽不懂得，却背得很熟。至今回忆，却完全不记得了。

我虽不曾读《三字经》等书，却因为听惯了别的小孩子高声诵读，我也能背这些书的一部分，尤其是那五七言的《神童诗》，我差不多能从头背到底。这本书后面的七言句子，如：

人心曲曲湾湾水，
世事重重叠叠山。

我当时虽不懂得其中的意义，却常常嘴上爱念着玩，大概也是因为喜欢那些重字双声的缘故。

我念的第四部书以下，除《诗经》，便都是散文的了。我依诵读的次序，把这些书名写在下面：

（4）《孝经》。

（5）朱子的《小学》，江永集注本。

（6）《论语》。以下四书皆用朱子注本。

（7）《孟子》。

（8）《大学》与《中庸》。（《四书》皆连注文读）

（9）《诗经》，朱子《集传》本。（注文读一部分）

（10）《书经》，蔡沈注本。（以下三书不读注文）

（11）《易经》，朱子《本义》本。

（12）《礼记》，陈澔译本。

读到了《论语》的下半部，我的四叔父介如先生选了颍州府阜阳县的训导，要上任去了，便把家塾移交给族兄禹臣先生（名观象）。四叔是个绅董，常常被本族或外村请出去议事或和案子；他又喜欢打纸牌（徽州纸牌，每副一百五十五张），常常被明达叔公，映基叔，祝封叔，茂张叔等人邀出去打牌。所以我们的功课很松，四叔往往在出门之前，给我们"上一进书"，叫我们自己念；他到天将黑时，回来一趟，把我们的习字纸加了圈，放了学，才又出门去。

四叔的学堂里只有两个学生，一个是我，一个是四叔的儿子嗣秋，比我大几岁。嗣秋承继给瑜婶。（星五伯公的二子，珍伯，瑜叔，皆无子，我家三哥承继珍伯，秋哥承继瑜婶。）她很溺爱他，不肯管束他，故四叔一走开，秋哥就溜到灶下或后堂去玩了。（他们和四叔住一屋，学堂在这屋的东边小屋内。）我的母亲管的严厉，我又不大觉得念书是苦事，故我一个人坐在学堂里温书念书，到天黑才回家。

禹臣先生接收家塾后，学生就增多了。先是五个，后来添到十多个，四叔家的小屋不够用了，就移到一所大屋——名叫来新书屋——里去。最初添的三个学生，有两个是守瓒叔的儿子，嗣昭，嗣逵。嗣昭比我大两三岁，天资不算笨，却不爱读书，最爱"逃学"，我们土话叫做"赖学"。他逃出去，往往躲在麦田或稻田里，宁可睡在田里挨饿，却不愿念书。先生往往差嗣秋去捉；有时候，嗣昭被捉回来了，总得挨一顿毒打；有时候，连嗣秋也不回来了，——乐得不回来了，因为这是"奉命差遣"，不算是逃学！

我常觉得奇怪，为什么嗣昭要逃学？为什么一个人情愿挨饿，挨打，挨大家笑骂，而不情愿念书？后来我稍懂得世事，才明白了。瓒叔自小在江西做生意，后来在九江开布店，才娶妻生子；一家人都说江西话，回家乡时，嗣昭弟兄都不容易改口音；说话改了，而嗣昭念书常带江西音，常常因此吃戒方或吃"作瘤栗"（钩起五指，打在头上，常打起瘤子，故叫做"作瘤栗"）。这是先生不原谅，难怪他不愿念书。

还有一个原因。我们家乡的蒙馆学金太轻，每个学生每年只送两块银元。先生对于这一类学生，自然不肯耐心教书，每天只教他们念死书，背死书，从来不肯为他们"讲书"。小学生初念有韵的书，也还不十分叫苦。后来念《幼学琼林》、《四书》一类的散文，他们自然毫不觉得有趣味，因为全不懂得书中说的是什么。因为这个缘故，许多学生常常赖学；先有嗣昭，后来有个士祥，都是有名的"赖学胚"。他们都属于这每年两元钱的阶级。因为逃学，先生生了气，打的更利害。越打的利害，他们越要逃学。

我一个人不属于这"两元"的阶级。我母亲渴望我读书，故学金特别优厚，第一年便送六块钱，以后每年增加，最后一年加到十二元。这样的学金，在家乡要算"打破纪录"的了。我母亲大概是受了我父亲的叮嘱，她嘱托四叔和禹臣先生为我"讲书"：每读一字，须讲一字的意思；每读一句，须讲一句的意思。我先已认得了近千个"方字"，每个字都经过父母的讲解，故进学堂之后，不觉得很苦。念的几本书虽然有许多是乡里先生讲不明白的；但每天总遇着几句可懂的话。我最喜欢朱子《小学》里的记述古人行事的部分，因为那些部分最容易懂得，所以比较最有趣味。同学之中有念《幼学琼林》的，我常常帮他们的忙，教他们不认得的生字，因此常常借这些书看；他们念大字，我却最爱看《幼学琼林》的小注，因为注文中有许多神话和故事，比《四书》、《五经》有趣味多了。

有一天，一件小事使我忽然明白我母亲增加学金的大恩惠。一个同学的母亲来请禹臣先生代写家信给她的丈夫；信写成了，先生交她的儿子晚上带回家去。一会儿，先生出门去了，这位同学把家信抽出来偷看。他忽然过来问我道："糜，这信上第一句'父亲大人膝下'是什么意思？"他比我只小一岁，也念过《四书》，却不懂"父亲大人膝下"是什么！这时候，我才明白我是一个受特别待遇的人，因为别人每年出两块钱，我去年却送十块钱。我一生最得力的是讲书：父亲母亲为我讲方字，两位先生为我讲书。念古文而不讲解，等于念"揭谛揭谛，波罗揭谛"，全无用处。

四

当我九岁时，有一天我在四叔家东边小屋里玩耍。这小屋前面是我们的学堂，后边有一间卧房，有客来便住在这里。这一天没有课，我偶然走进那卧房里去，偶然看见桌子下一只美孚煤油板箱里的废纸堆中露出一本破书。我偶然捡起了这本书，两头都被老鼠咬坏了，书面也扯破了，但这一本破书忽然为我开辟了一个新天地，忽然在我的儿童生活史上打开了一个新鲜的世界！

这本破书原来是一本小字木板的《第五才子》，我记得很清楚，开始便是"李逵打死殷天锡"一回。我在戏台上早已认得李逵是谁了，便站在那只美孚破板箱边，把这本《水浒传》残本一口气看完了。不看尚可，看了之后，我的心里很不好过：这一本的前面是些什么？后面是些什么？这两个问题，我都不能回答，却最急要一个回答。

我拿了这本书去寻我的五叔。因为他最会"说笑话"（"说笑话"就是"讲故事"，小说书叫做"笑话书"），应该有这种笑话书。不料五叔竟没有这书，他叫我去寻守焕哥。守焕哥说："我没有《第五才子》，我替你去借一部；我家中有部《第一才子》，你先拿去看，好吧？"《第一才子》便是《三国演义》，他很郑重的捧出来，我很高兴的捧回去。

后来我居然得着《水浒传》全部。《三国演义》也看完了。从此以后，我到处去借小说看。五叔，守焕哥，都帮了我不少的忙。三姊夫（周绍瑾）在上海乡间周浦开店，他吸鸦片烟，最爱看小说书，带了不少回家乡；他每到我家来，总带些《正德皇帝下江南》、《七剑十三侠》一类的书来送给我。这是我自己收藏小说的起点。我的大哥（嗣稼）最不长进，也是吃鸦片烟的，但鸦片烟灯是和小说书常作伴的，——五叔，守焕哥，三姊夫都是吸鸦片烟的，——所以他也有一些小说书。大嫂认得一些字，嫁妆里带来了好几种弹词小说，如《双珠凤》之类。这些书不久都成了我的藏书的一部分。

三哥在家乡时多；他同二哥都进过梅溪书院，都做过南洋公学的师范生，旧学都有根柢，故三哥看小说很有选择。我在他书架上只寻得三部小说：一部《红楼梦》，一部《儒林外史》，一部《聊斋志异》。二哥有一次回家，带了一部新译出的《经国美谈》，讲的是希腊的爱国志士的故事，是日本人做的。这是我读外国小说的第一步。

帮助我借小说最出力的是族叔近仁，便是民国十二年和顾颉刚先生讨论古史的胡堇人。他比我大几岁，已"开笔"做文章了，十几岁就考取了秀才。我同他不同学堂，但常常相见，成了最要好的朋友。他天才很高，也肯用功，读书比我多。家中也颇有藏书。他看过的小说，常借给我看。我借到的小说，也常借给他看。我们两人各有一个小手折，把看过的小说都记在上面，时时交换比较，看谁看的书多。这两个折子后来都不见了，但我记得离开家乡时，我的折子上好像已有了三十多部小说了。

这里所谓"小说"，包括弹词，传奇，以及笔记小说在内。《双珠凤》在内，《琵琶记》也在内；《聊斋》、《夜雨秋灯录》、《夜谭随录》、《兰苕馆外史》、《寄园寄所寄》、《虞初新志》等等也在内。从《薛仁贵征东》、《薛丁山征西》、《五虎平西》、《粉妆楼》一类最无意义的小说，到《红楼梦》和《儒林外史》一类的第一流作品，这里面的程度已是天悬地隔了。我到离开家乡时，还不能了解《红楼梦》和《儒林外史》的好处。但这一大类都是白话小说，我在不知不觉之中得了不少的白话散文的训练，在十几年后于我很有用处。

看小说还有一桩绝大的好处，就是帮助我把文字弄通顺了。那时候正是废八股时文的时代，科举制度本身也动摇了。二哥、三哥在上海受了时代思潮的影响，所以不要我"开笔"做八股文，也不要我学做策论经义。他们只要先生给我讲书，教我读书。但学堂里念的书，越到后来，越不好懂了。《诗经》起初还好懂，读到《大雅》，就难懂了；读到《周颂》，更不可懂了。《书经》有几篇，如《五子之歌》，我读的很起劲；但《盘庚》三篇，我总读不熟。我在学堂九年，只有《盘庚》害我挨了一次打。后来隔了十多年，我才知道《尚书》有今文和古文两大类，向来学者都说古文诸篇是假的，今文是真的；《盘庚》属于今文一类，应该是真的。但我研究《盘庚》用的代名词最杂乱不成条理，故我总疑心这三篇书是后人假造的。有时候，我自己想，我的怀疑《盘庚》，也许暗中含有报那一个"作瘤栗"的仇恨的意味罢？

　　《周颂》、《尚书》、《周易》等书都是不能帮助我作通顺文字的。但小说书却给了我绝大的帮助。从《三国演义》读到《聊斋志异》和《虞初新志》，这一跳虽然跳的太远，但因为书中的故事实在有趣味，所以我能细细读下去。石印本的《聊斋志异》有圈点，所以更容易读。到我十二三岁时，已能对本家姊妹们讲说《聊斋》故事了。那时候，四叔的女儿巧菊，禹臣先生的妹子广菊、多菊，祝封叔的女儿杏仙，和本家侄女翠苹、定娇等，都在十五六岁之间；她们常常邀我去，请我讲故事。我们平常请五叔讲故事时，忙着替他点火，装旱烟，替他捶背。现在轮到我受人巴结了。我不用人装烟捶背，她们听我说完故事，总去泡炒米，或做蛋炒饭来请我吃。她们绣花做鞋，我讲《凤仙》、《莲香》、《张鸿渐》、《江城》。这样的讲书，逼我把古文的故事翻译成绩溪土话，使我更了解古文的文理。所以我到十四岁来上海开始作古文时，就能做很像样的文字了。

五

我小时身体弱，不能跟着野蛮的孩子们一块儿玩。我母亲也不准我和他们乱跑乱跳。小时不曾养成活泼游戏的习惯，无论在什么地方，我总是文绉绉地。所以家乡老辈都说我"像个先生样子"，遂叫我做"穈先生"。这个绰号叫出去之后，人都知道三先生的小儿子叫做穈先生了，既有"先生"之名，我不能不装出点"先生"样子，更不能跟着顽童们"野"了。有一天，我在我家八字门口和一班孩子"掷铜钱"，一位老辈走过，见了我，笑道："穈先生也掷铜钱吗？"我听了羞愧的面红耳热，觉得大失了"先生"的身份！

大人们鼓励我装先生样子，我也没有嬉戏的能力和习惯，又因为我确是喜欢看书，所以我一生可算是不曾享过儿童游戏的生活。每年秋天，我的庶祖母同我到田里去"监割"（顶好的田，水旱无忧，收成最好，佃户每约田主来监割，打下谷子，两家平分），我总是坐在小树下看小说。十一二岁时，我稍活泼一点，居然和一群同学组织了一个戏剧班，做了一些木刀竹枪，借得了几副假胡须，就在村口田里做戏。我做的往往是诸葛亮、刘备一类的文角儿；只有一次我做史文恭，被花荣一箭从椅子上射倒下去，这算是我最活泼的玩艺儿了。

我在这九年（一八九五——一九〇四）之中，只学得了读书写字两件事。在文字和思想（看文章）的方面，不能不算是打了一点底子。但别的方面都没有发展的机会。有一次我们村里"当朋"（八都凡五村，称为"五朋"，每年一村轮着做太子会，名为"当朋"），筹备太子会，有人提议要派我加入前村的昆腔队里学习吹笙或吹笛。族里长辈反对，说我年纪太小，不能跟着太子会走遍五朋。于是我便失掉了这学习音乐的唯一机会。三十年来，我不曾拿过乐器，也全不懂音乐；究竟我有没有一点学音乐的天资，我至今还不知道。至于学图画，更是不可能的事。我常常用竹纸蒙在小说书的石印绘像上，摹画书上的英雄美人。有一天，被先生看见了，挨了一顿大骂，抽屉里的图画都被搜出撕毁了。于是我又失掉了学做画家的机会。

但这九年的生活，除了读书看书之外，究竟给了我一点做人的训练。在这一点上，我的恩师就是我的慈母。

每天天刚亮时，我母亲就把我喊醒，叫我披衣坐起，我从不知道她醒来坐了多久了。她看我清醒了，便对我说昨天我做错了什么事，说错了什么话，要我认错，要我用功读书。有时候她对我说父亲的种种好处，她说："你总要踏上你老子的脚步。我一生只晓得这一个完全的人，你要学他，不要跌他的股。"（跌股便是丢脸，出丑。）她说到伤心处，往往掉下泪来。到天大明时，她才把我的衣服穿好，催我去上早学。学堂门上的锁匙放在先生家里；我先到学堂门口一望，便跑到先生家里去敲门。先生家里有人把锁匙从门缝里递出来，我拿了跑回去，开了门，坐下念生书。十天之中，总有八九天我是第一个去开学堂门的。等到先生来了，我背了生书，才回家吃早饭。

我母亲管束我最严，她是慈母兼任严父。但她从来不在别人面前骂我一句，打我一下。我做错了事，她只对我一望，我看见了她的严厉眼光，就吓住了。犯的事小，她等到第二天早晨我眼醒时才教训我。犯的事大，她等到晚上人静时，关了房门，先责备我，然后行罚，或罚跪，或拧我的肉。无论怎样重罚，总不许我哭出声音来。她教训儿子不是借此出气叫别人听的。

有一个初秋的傍晚，我吃了晚饭，在门口玩，身上只穿着一件单背心。这时候我母亲的妹子玉英姨母在我家住，她怕我冷了，拿了一件小衫出来叫我穿上。我不肯穿，她说："穿上吧，凉了。"我随口回答："娘（凉）什么！老子都不老子呀。"我刚说了这句话，一抬头，看见母亲从家里走出，我赶快把小衫穿上。但她已听见这句轻薄的话了。晚上人静后，她罚我跪下，重重的责罚了一顿。她说："你没了老子，是多么得意的事！好用来说嘴！"她气的坐着发抖，也不许我上床去睡。我跪着哭，用手擦眼泪，不知擦进了什么微菌，后来足足害了一年多的眼翳病。医来医去，总医不好。我母亲心里又悔又急，听说眼翳可以用舌头舔去，有一夜她把我叫醒，她真用舌头舔我的病眼。这是我的严师，我的慈母。

我母亲二十三岁做了寡妇，又是当家的后母。这种生活的痛苦，我的笨笔写不出一万分之一二。家中财政本不宽裕，全靠二哥在上海经营调度。大哥从小便是败子，吸鸦片烟、赌博，钱到手就光，光了便回家打主意，见了香炉便拿出去卖，捞着锡茶壶便拿出去押。我母亲几次邀了本家长辈来，给他定下每月用费的数目。但他总不够用，到处都欠下烟债赌债。每年除夕我家中总有一大群讨债的，每人一盏灯笼，坐在大厅上不肯去。大哥早已避出去了。大厅的两排椅子上满满的都是灯笼和债主。我母亲走进走出，料理年夜饭，谢灶神，压岁钱等事，只当做不曾看见这一群人。到了近半夜，快要"封门"了，我母亲才走后门出去，央一位邻舍本家到我家来，每一家债户开发一点钱。做好做歹的，这一群讨债的才一个一个提着灯笼走出去。一会儿，大哥敲门回来了。我母亲从不骂他一句。并且因为是新年，她脸上从不露出一点怒色。这样的过年，我过了六七次。

大嫂是个最无能而又最不懂事的人，二嫂是个很能干而气量很窄小的人。她们常常闹意见，只因为我母亲的和气榜样，她们还不曾有公然相骂相打的事。她们闹气时，只是不说话，不答话，把脸放下来，叫人难看；二嫂生气时，脸色变青，更是怕人。她们对我母亲闹气时，也是如此。我起初全不懂得这一套，后来也渐渐懂得看人的脸色了。我渐渐明白，世间最可厌恶的事莫如一张生气的脸；世间最下流的事莫如把生气的脸摆给旁人看。这比打骂还难受。

我母亲的气量大，性子好，又因为做了后母后婆，她更事事留心，事事格外容忍。大哥的女儿比我只小一岁，她的饮食衣料总是和我的一样。我和她有小争执，总是我吃亏，母亲总是责备我，要我事事让她。后来大嫂、二嫂都生了儿子了，她们生气时便打骂孩子来出气，一面打，一面用尖刻有刺的话骂给别人听。我母亲只装作没听见。有时候，她实在忍不住了，便悄悄走出门去，或到左邻立大嫂家去坐一会，或走后门到后邻度嫂家去闲谈。她从不和两个嫂子吵一句嘴。

每个嫂子一生气，往往十天半个月不歇，天天走进走出，板着脸，咬着嘴，打骂小孩子出气。我母亲只忍耐着，忍到实在不可再忍的一天，她也有她的法子。这一天的天明时，她就不起床，轻轻的哭一场。她不骂一个人，只哭她的丈夫，哭她自己苦命，留不住她丈夫来照管她。她先哭时，声音很低，渐渐哭出声来。我醒了起来劝她，她不肯住。这时候，我总听得见前堂（二嫂住前堂东房）或后堂（大嫂住后堂西房）有一扇房门开了，一个嫂子走出房向厨房走去。不多一会，那位嫂子来敲我们的房门了。我开了房门，她走进来，捧着一碗热茶，送到我母亲床前，劝她止哭，请她喝口热茶。我母亲慢慢停住哭声，伸手接了茶碗。那位嫂子站着劝一会，才退出去。没有一句话提到什么人，也没有一个字提到这十天半个月来的气脸，然而各人心里明白，泡茶进来的嫂子总是那十天半个月来闹气的人。奇怪的很，这一哭之后，至少有一两个月的太平清静日子。

我母亲待人最仁慈，最温和，从来没有一句伤人感情的话。但她有时候也很有刚气，不受一点人格上的侮辱。我家五叔是个无正业的浪人，有一天在烟馆里发牢骚，说我母亲家中有事总请某人帮忙，大概总有什么好处给他。这句话传到了我母亲耳朵里，她气得大哭，请了几位本家来，把五叔喊来，她当面质问他她给了某人什么好处。直到五叔当众认错赔罪，她才罢休。

我在我母亲的教训之下住了九年，受了她的极大极深的影响。我十四岁（其实只有十二岁零两三个月），便离开她了，在这广漠的人海里独自混了二十多年，没有一个人管束过我。如果我学得了一丝一毫的好脾气，如果我学得了一点点待人接物的和气，如果我能宽恕人，体谅人，——我都得感谢我的慈母。

十九，十一，廿一夜

在上海（一）

原载《新月》第三卷第七期

一九三一年九月十日

　　光绪甲辰年（一九〇四）的春天，三哥的肺病已到了很危险的时候，他决定到上海去医治。我母亲也决定叫我跟他到上海去上学。那时我名为十四岁，其实只有十二岁有零。这一次我和母亲分别之后，十四年之中，我只回家三次，和她在一块的时候还不满六个月。她只有我一个人，只因为爱我太深，望我太切，所以她硬起心肠，送我向远地去求学。临别的时候，她装出很高兴的样子，不曾掉一滴眼泪。我就这样出门去了，向那不可知的人海里，去寻求我自己的教育和生活，——孤零零的一个小孩子，所有的防身之具只是一个慈母的爱，一点点用功的习惯，和一点点怀疑的倾向。

　　我在上海住了六年（一九〇四——一九一〇），换了四个学校（梅溪学堂，澄衷学堂，中国公学，中国新公学）。这是我一生的第二个阶段。

一

　　我父亲生平最佩服的一个朋友——上海张焕纶先生（字经甫）。张先生是提倡新教育最早的人，他自己办了一个梅溪书院，后来改做梅溪学堂。二哥、三哥都在梅溪书院住过，所以我到了上海也就进了梅溪学堂。我只见过张焕纶先生一次，不久他就死了。现在谈中国教育史的人，很少能知道这一位新教育的老先锋了。他死了二十二年之后，我在巴黎见着赵诒琛先生（字颂南，无锡人），他是张先生的得意学生，他说他在梅溪书院很久，最佩服张先生的人格，受他的感化最深。他说，张先生教人的宗旨只是一句话："千万不要仅仅做个自了汉。"我在巴黎乡间的草地上，听着赵先生谈话，想着赵先生夫妇的刻苦生活和奋斗精神，——这时候，我心里想：张先生的一句话影响了他一个学生的一生，张先生的教育事业不算是失败。

　　梅溪学堂的课程是很不完备的，只有国文，算学，英文三项。分班的标准是国文程度。英文、算学的程度虽好，国文不到头班，仍不能毕业。国文到了头班，英文、算学还很幼稚，却可以毕业。这个办法虽然不算顶好，但这和当时教会学堂的偏重英文，都是过渡时代的特别情形。

　　我初到上海的时候，全不懂得上海话。进学堂拜见张先生时，我穿着蓝呢的夹袍，绛色呢大袖马褂，完全是个乡下人。许多小学生围拢来看我这乡下人。因为我不懂话，又不曾"开笔"做文章，所以暂时编在第五班，差不多是最低的一班。班上读的是文明书局的《蒙学读本》，英文班上用《华英初阶》，算学班上用《笔算数学》。

　　我是读了许多古书的，现在读《蒙学读本》，自然毫不费力，所以有工夫专读英文、算学。这样过了六个星期。到了第四十二天，我的机会来了。教《蒙学读本》的沈先生大概也瞧不起这样浅近的书，更料不到这班小孩子里面有人起来驳正他的错误。这一天，他讲的一课书里有这样一段引语：

传曰，二人同心，其利断金。同心之言，其臭如兰。

沈先生随口说这是《左传》上的话。我那时已勉强能说几句上海话了，等他讲完之后，我拿着书，走到他的桌边，低声对他说：这个"传曰"是《易经》的《系辞传》，不是《左传》。先生脸红了，说，"侬读过《易经》？"我说读过。他又问，"阿曾读过别样经书？"我说读过《诗经》、《书经》、《礼记》。他问我做过文章没有，我说没有做过。他说，"我出个题目，拨侬做做试试看。"他出了"孝弟说"三个字，我回到座位上，勉强写了一百多字，交给先生看。他看了对我说，"侬跟我来。"我卷了书包，跟他下楼走到前厅。前厅上东面是头班，西面是二班。沈先生到二班课堂上，对教员顾先生说了一些话，顾先生就叫我坐在末一排的桌子上。我才知道我一天之中升了四班，居然做第二班的学生了。

可是我正在欢喜的时候，抬头一看，就得发愁了。这一天是星期四，是作文的日子。黑板上写着两个题目：

论题：原日本之所由强。

经义题：古之为关也将以御暴，今之为关也将以为暴。

我从来不知道"经义"是怎样做的，所以想都不敢去想他。可是日本在天南地北，我还不很清楚，这个"原日本之所由强"又从哪里说起呢？既不敢去问先生，班上同学又没有一个熟人，我心里颇怪沈先生太卤莽，不应该把我升的这么高，这么快。

忽然学堂的茶房走到厅上来，对先生说了几句话，呈上一张字条。先生看了字条，对我说，我家中有要紧事，派了人来领我回家，卷子可以带回去做，下星期四交卷。我正在着急，听了先生的话，抄了题目，逃出课堂，赶到门房，才知道三哥病危，二哥在汉口没有回来，店里（我家那时在上海南市开一个公义油栈）的管事慌了，所以赶人来领我回去。

我赶到店里，三哥还能说话。但不到几个钟头，他就死了，死时他的头还靠在我手腕上。第三天，二哥从汉口赶到。丧事办了之后，我把升班的事告诉二哥，并且问他"原日本之所由强"一个题目应该参考一些什么书。二哥检了《明治维新三十年史》，壬寅的《新民丛报汇编》……一类的书，装了一大篮，叫我带回学堂去翻看。费了几天的工夫，才勉强凑了一篇论说交进去。不久我也会做"经义"了。几个月之后，我居然算是头班学生了，但英文还不曾读完《华英初阶》，算学还只做到"利息"。

这一年梅溪学堂改为梅溪小学，年底要办毕业第一班。我们听说学堂里要送张在贞，王言，郑璋和我四个人到上海道衙门去考试。我和王、郑三人都不愿意去考试，都不等到考试日期，就离开学堂了。

为什么我们不愿受上海道的考试呢？这一年之中，我们都经过了思想上的一种激烈变动，都自命为"新人物"了。二哥给我的一大篮子的"新书"，其中很多是梁启超先生一派人的著述；这时代是梁先生的文章最有势力的时代，他虽不曾明白提倡种族革命，却在一班少年人的脑海里种下了不少革命种子。有一天，王言君借来了一本邹容的《革命军》，我们几个人传观，都很受感动。借来的书是要还人的，所以我们到了晚上，等舍监查夜过去之后，偷偷起来点着蜡烛，轮流抄了一本《革命军》。正在传抄《革命军》的少年，怎肯投到官厅去考试呢？

这一年是日俄战争的第一年。上海的报纸上每天登着很详细的战争新闻，爱看报的少年学生都感觉绝大的兴奋。这时候中国的舆论和民众心理都表同情于日本，都痛恨俄国，又都痛恨清政府的宣告中立。仇俄的心理增加了不少排满的心理。这一年，上海发生了几件刺激人心的案子。一件是革命党万福华在租界内枪击前广西巡抚王之春，因为王之春从前是个联俄派。一件是上海黄浦滩上一个宁波木匠周生有被一个俄国水兵无故砍杀。这两件事都引起了上海报纸的注意；尤其是那年新出现的《时报》，天天用简短沉痛的时评替周生有喊冤，攻击上海的官厅。我们少年人初读这种短评，没有一个不受刺激的。周生有案的判决使许多人失望。我和王言、郑璋三个人都恨极了上海道袁海观，所以连合写了一封长信去痛骂他。这封信是匿名的，但我们总觉得不愿意去受他的考试。所以我们三个人都离开梅溪学堂了。

二

我进的第二个学堂是澄衷学堂。这学堂是宁波富商叶成忠先生创办的，原来的目的是教育宁波的贫寒子弟；后来规模稍大，渐渐成了上海一个有名的私立学校，来学的人便不限止于宁波人了。这时候的监督是章一山先生，总教是白振民先生。白先生和我二哥是同学，他看见了我在梅溪作的文字，劝我进澄衷学堂。光绪乙巳年（一九〇五），我就进了澄衷学堂。

澄衷共有十二个班，课堂分东西两排，最高一班称为东一斋，第一二班为西一斋，以下直到西六斋。这时候还没有严格规定的学制，也没有什么中学小学的分别。用现在的名称来分，可说前六班为中学，其余六班为小学。澄衷的学科比较完全多了，国文、英文、算学之外，还有物理、化学、博物、图画诸科。分班略依各科的平均程度，但英文、算学程度过低的都不能入高班。

我初进澄衷时，因英文、算学太低，被编在东三斋（第五班）。下半年便升入东二斋（第三班），第二年（丙午，一九〇六）又升入西一斋（第二班）。澄衷管理很严，每月有月考，每半年有大考，月考大考都出榜公布，考前三名的有奖品。我的考试成绩常常在第一，故一年升了四班。我在这一年半之中，最有进步的是英文、算学。教英文的谢昌熙先生，陈诗豪先生，张镜人先生，教算学的郁耀卿先生，都给了我很多的益处。

我这时候对于算学最感觉兴趣，常常在宿舍熄灯之后，起来演习算学问题。卧房里没有桌子，我想出一个法子来，把蜡烛放在帐子外床架上，我伏在被窝里，仰起头来，把石板放在枕头上做算题。因为下半年就要跳过一班，所以我须要自己补习代数。我买了一部丁福保先生编的代数书，在一个夏天把初等代数习完了，下半年安然升班。

这样的用功，睡眠不够，就影响到身体的健康。有一个时期，我的两只耳朵几乎全聋了。但后来身体渐渐复原，耳朵也不聋了。我小时身体多病，出门之后，逐渐强健。重要的原因我想是因为我在梅溪和澄衷两年半之中从来不曾缺一点钟体操的功课。我从来没有加入竞赛的运动，但我在体操的时间很用气力做种种体操。

澄衷的教员之中，我受杨千里先生（天骥）的影响最大。我在东三斋时，他是西二斋的国文教员，人都说他思想很新。我去看他，他很鼓励我，在我的作文稿本上题了"言论自由"四个字。后来我在东二斋和西一斋，他都做过国文教员。有一次，他教我们班上买吴汝纶删节的严复译本《天演论》来做读本。这是我第一次读《天演论》，高兴的很。他出的作文题目也很特别，有一次的题目是"物竞天择，适者生存，试申其义"（我的一篇，前几年澄衷校长曹锡爵先生曾在旧课卷内寻出，至今还保存在校内）。这种题目自然不是我们十几岁小孩子能发挥的，但读《天演论》，做"物竞天择"的文章，都可以代表那个时代的风气。

《天演论》出版之后，不上几年，便风行到全国，竟做了中学生的读物了。读这书的人，很少能了解赫胥黎在科学史和思想史上的贡献。他们能了解的只是那"优胜劣败"的公式在国际政治上的意义。在中国屡次战败之外，在庚子、辛丑大耻辱之后，这个"优胜劣败，适者生存"的公式确是一种当头棒喝，给了无数人一种绝大的刺激。几年之中，这种思想像野火一样，延烧着许多少年人的心和血。"天演""物竞""淘汰""天择"等等术语，都渐渐成了报纸文章的熟语，渐渐成了一班爱国志士的"口头禅"。还有许多人爱用这种名词做自己或儿女的名字。我有两个同学，一个叫做孙竞存，一个叫做杨天择。我自己的名字也是这种风气底下的纪念品。我在学堂里的名字是胡洪骍。有一天的早晨，我请我二哥代我想一个表字，二哥一面洗脸，一面说："就用'物竞天择适者生存'的'适'字，好不好？"我很高兴，就用"适之"二字。（二哥字绍之，三哥字振之。）后来我发表文字，偶然用"胡适"作笔名，直到考试留美官费时（一九一〇），我才正式用"胡适"的名字。

我在澄衷一年半，看了一些课外的书籍。严复译的《群己权界论》，像是在这时代读的。严先生的文字太古雅，所以少年人受他的影响没有梁启超的影响大。梁先生的文章，明白晓畅之中，带着浓挚的热情，使读的人不能不跟着他走，不能不跟着他想。有时候，我们跟他走到一点上，还想望前走，他却打住了，或是换了方向走了。在这种时候，我们不免感觉一点失望。但这种失望也正是他的大恩惠。因为他尽了他的能力，把我们带到了一个境界，原指望我们感觉不满足，原指望我们更朝前走。跟着他走，我们固然得感激他；他引起了我们的好奇心，指着一个未知的世界叫我们自己去探寻，我们更得感谢他。

我个人受了梁先生无穷的恩惠。现在追想起来，有两点最分明。第一是他的《新民说》，第二是他的《中国学术思想变迁之大势》。梁先生自号"中国之新民"，又号"新民子"，他的杂志也叫做《新民丛报》，可见他的全副心思贯注在这一点。"新民"的意义是要改造中国的民族，要把这老大的病夫民族改造成一个新鲜活泼的民族。……[①]

我在澄衷的第二年，发起各斋组织"自治会"。有一次，我在自治会演说，题目是《论性》。我驳孟子性善的主张，也不赞成荀子的性恶说。我承认王阳明的性"无善无恶，可善可恶"是对的。我那时正读英文的《格致读本》（*The Science Readers*），懂得了一点点最浅近的科学知识，便搬出来应用了！孟子曾说：

> 人性之善也，犹水之就下也。人无有不善，水无有不下。

---

① 此处有删节。

我说：孟子不懂得科学，——我们在那时候还叫做"格致"，——不知道水有保持水平的道理，又不知道地心吸力的道理。"水无有不下"，并非水性向下，只是地心吸力引他向下。吸力可以引他向下，高地的蓄水塔也可以使自来水管里的水向上。水无上无下，只保持他的水平，却又可上可下，正像人性本无善无恶，却又可善可恶！

我这篇性论很受同学的欢迎，我也很得意，以为我真用科学证明告子、王阳明的性论了！

我在澄衷只住了一年半，但英文和算学的基础都是在这里打下来的。澄衷的好处在于管理的严肃，考试的认真。还有一桩好处，就是学校办事人真能注意到每个学生的功课和品行。白振民先生自己虽不教书，却认得个个学生，时时叫学生去问话。因为考试的成绩都有很详细的记录，故每个学生的能力都容易知道。天资高的学生，可以越级升两班；中等的可以半年升一班；下等的不升班，不升班就等于降半年了。这种编制和管理，是很可以供现在办中学的人参考的。

我在西一斋做了班长，不免有时和学校办事人冲突。有一次，为了班上一个同学被开除的事，我向白先生抗议无效，又写了一封长信去抗议。白先生悬牌责备我，记我大过一次。我虽知道白先生很爱护我，但我当时心里颇感觉不平，不愿继续在澄衷了。恰好夏间中国公学招考，有朋友劝我去考；考取之后，我就在暑假后（一九〇六）搬进中国公学去了。

廿，三，十八，北京

在上海（二）

原载《新月》第三卷第十期

一九三一年十二月十日

　　中国公学是因为光绪乙巳年（一九〇五）日本文部省颁布取缔中国留学生规则，我国的留日学生认为侮辱中国，其中一部分愤慨回国的人在上海创办的。当风潮最烈的时候，湖南陈天华投海自杀，勉励国人努力救国，一时人心大震动，所以回国的很多。回国之后，大家主张在国内办一个公立的大学。乙巳十二月中，十三省的代表全体会决议，定名为"中国公学"。次年（丙年，一九〇六）春天在上海新靶子路黄板桥北租屋开学。但这时候反对取缔规则的风潮已渐渐松懈了，许多官费生多回去复学了。上海那时还是一个眼界很小的商埠，看见中国公学里许多剪发洋装的少年人自己办学堂，都认为奇怪的事。政府官吏疑心他们是革命党，社会叫他们做怪物。所以赞助捐钱的人很少，学堂开门不到一个半月，便陷入了绝境。公学的干事姚弘业先生（湖南益阳人）激于义愤，遂于三月十三日投江自杀，遗书几千字，说，"我之死，为中国公学死也。"遗书发表之后，舆论都对他表敬意，社会受了一大震动，赞助的人稍多，公学才稍稍站得住。

我也是当时读了姚烈士的遗书大受感动的一个小孩子。夏天我去投考，监考的是总教习马君武先生。国文题目是"言志"，我不记得说了一些什么，后来君武先生告诉我，他看了我的卷子，拿去给谭心休、彭施涤先生传观，都说是为公学得了一个好学生。

　　我搬进公学之后，见许多同学都是剪了辫子，穿着和服，拖着木屐的；又有一些是内地刚出来的老先生，戴着老花眼镜，捧着水烟袋子。他们的年纪都比我大的多；我是做惯班长的人，到这里才感觉我是一个小孩子。不久我已感得公学的英文、数学都很浅，我在甲班里很不费气力。那时候，中国教育界的科学程度太浅，中国公学至多不过可比现在的两级中学程度，然而有好几门功课都不能不请日本教员来教。如高等数学、解析几何、博物学，最初都是日本人教授，由懂日语的同学翻译。甲班的同学有朱经农、李琴鹤等，都曾担任翻译。又有几个同学还兼任学校的职员或教员，如但懋辛便是我们的体操教员。当时的同学和我年纪不相上下的，只有周烈忠、李骏、孙粹存、孙竞存等几个人。教员和年长的同学都把我们看作小弟弟，特别爱护我们，鼓励我们。我和这一班年事稍长，阅历较深的师友们往来，受他们的影响很大。我从小本来就没有过小孩子的生活，现在天天和这班年长的人在一块，更觉得自己不是个小孩子了。

　　中国公学的教职员和同学之中，有不少的革命党人。所以在这里要看东京出版的《民报》，是最方便的。暑假年假中，许多同学把《民报》缝在枕头里带回内地去传观。还有一些激烈的同学往往强迫有辫子的同学剪去辫子。但我在公学三年多，始终没有人强迫我剪辫，也没有人劝我加入同盟会。直到二十年后，但懋辛先生才告诉我，当时校里的同盟会员曾商量过，大家都认为我将来可以做学问，他们要爱护我，所以不劝我参加革命的事。但在当时，他们有些活动也并不瞒我。有一晚十点钟的时候，我快睡了，但君来找我，说，有一个女学生从日本回国，替朋友带了一只手提小皮箱，江海关上要检查，她说没有钥匙，海关上不放行。但君因为我可以说几句英国话，要我到海关上去办交涉。我知道箱子里是危险的违禁品，就跟了他到海关码头，这时候已过十一点钟，谁都不在了。我们只好怏怏回去。第二天，那位女学生也走了，箱子丢在关上不要了。

我们现在看见上海各学校都用国语讲授，决不能想象二十年前的上海还完全是上海话的世界，各学校全用上海话教书，学生全得学上海话。中国公学是第一个用"普通话"教授的学校。学校里的学生，四川、湖南、河南、广东的人最多，其余各省的人也差不多全有。大家都说"普通话"，教员也用"普通话"。江浙的教员，如宋耀如、王仙华、沈翔云诸先生，在讲堂上也都得勉强说官话。我初入学时，只会说徽州话和上海话；但在学校不久也就会说"普通话"了。我的同学中四川人最多；四川话清楚干净，我最爱学他，所以我说的普通话最近于四川话。二三年后，我到四川客栈（元记、厚记等）去看朋友，四川人只问"贵府是川东，是川南？"他们都把我看成四川人了。

中国公学创办的时候，同学都是创办人。职员都是同学中举出来的，所以没有职员和学生的界限。当初创办的人都有革命思想，想在这学校里试行一种民主政治的制度。姚弘业烈士遗书中所谓"以大公无我之心，行共和之法"，即是此意。全校的组织分为"执行"与"评议"两部。执行部的职员（教务干事、庶务干事、斋务干事）都是评议部举出来的，有一定的任期，并且对于评议部要负责任。评议部是班长和室长组织成的，有监督和弹劾职员之权。评议部开会时，往往有激烈的辩论，有时直到点名熄灯时方才散会。评议员之中，最出名的是四川人龚从龙，口齿清楚，态度从容，是一个好议长。这种训练是很有益的。我年纪太小，第一年不够当评议员，有时在门外听听他们的辩论，不禁感觉我们在澄衷学堂的自治会真是儿戏。

……①

----

① 此处有删节。

我怎样到外国去

原载《新月》第四卷第四期

一九三二年十一月十日

一

戊申（一九〇八）九月间，中国公学闹出了一次大风潮，结果是大多数学生退学出来，另组织一个中国新公学。这一次的风潮为的是一个宪法的问题。

中国公学在最初的时代，纯然是一个共和国家，评议部为最高立法机关，执行部的干事即由公选产生出来。不幸这种共和制度实行了九个月（丙午二月至十一月），就修改了。修改的原因，约有几种：一是因为发起的留日学生逐渐减少，而新招来的学生逐渐加多，已不是当初发起时学生与办事人完全不分界限的情形了。二是因为社会和政府对于这种共和制度都很疑忌。三是因为公学既无校舍，又无基金，有请求官款补助的必要，所以不能不避免外界对于公学内部的疑忌。

为了这种种原因，公学的办事人就在丙午（一九〇六）的冬天，请了郑孝胥、张謇、熊希龄等几十人作中国公学的董事，修改章程，于是学生主体的制度就变成了董事会主体的制度。董事会根据新章程，公举郑孝胥为监督。一年后，郑孝胥辞职，董事会又举夏敬观为监督。这两位都是有名的诗人，他们都不常到学校，所以我们也不大觉得监督制的可畏。

可是在董事会与监督之下，公学的干事就不能由同学公选了。评议部是新章所没有的。选举的干事改为学校聘任的教务长，庶务长，斋务长了。这几位办事人，外面要四出募捐，里面要担负维持学校的责任，自然感觉他们的地位有稳定的必要。况且前面已说过，校章的修改也不是完全没有理由的。但我们少年人可不能那样想。中国公学的校章上明明载着"非经全体三分之二承认，不得修改"。这是我们的宪法上载着的唯一的修正方法。三位干事私自修改校章，是非法的。评议部的取消也是非法的。这里面也还有个人的问题。当家日子久了，总难免"猫狗皆嫌"，何况同学之中有许多本是干事诸君的旧日同辈的朋友呢？在校上课的同学自然在学业上日日有长进，而干事诸君办事久了，学问上没有进境，却当着教务长一类的学术任务，自然有时难免受旧同学的轻视。法的问题和这种人的问题混合在一块，风潮就不容易避免了。

代议制的评议部取消之后，全体同学就组织了一个"校友会"，其实就等于今日各校的学生会。校友会和三干事争了几个月，干事答应了校章可由全体学生修改。又费了几个月的时间，校友会把许多修正案整理成一个草案，又开了几次会，才议定了一本校章。一年多的争执，经过了多少度的磋商，新监督夏先生与干事诸君均不肯承认这新改的校章。

到了戊申（一九〇八）九月初三日，校友会开大会报告校章交涉的经过，会尚未散，监督忽出布告，完全否认学生有订改校章之权，这竟是完全取消干事承认全体修改校章的布告了。接着又出了两道布告，一道说"集会演说，学堂悬为严禁。……校友会以后不准再行开会"。一道说学生代表朱经、朱绂华"倡首煽众，私发传单，侮辱职员，要挟发布所自改章程，屡诚不悛，纯用意气，实属有意破坏公学。照章应即斥退，限一日内搬出校"。

初四日，全体学生签名停课，在操场上开大会。下午干事会又出布告，开除学生罗君毅、周烈忠、文之孝等七人，并且说："如仍附从停课，即当将停课学生全行解散，另行组织。"初五日，教员出来调停，想请董事会出来挽救。但董事会不肯开会。初七日学生大会遂决议筹备万一学校解散后的办法。

初八日董事陈三立先生出来调停，但全校人心已到了很激昂的程度，不容易挽回了。初九日，校中布告："今定于星期日暂停膳食。所有被胁诸生可先行退出校外，暂住数日。准于今日午后一时起，在寰球中国学生会发给旅膳费。俟本公学将此案办结后，再行布告来校上课。"

这样的压迫手段激起了校中绝大多数同学的公愤。他们决定退学，遂推举干事筹备另创新校的事。退学的那一天，秋雨淋漓，大家冒雨搬到爱而近路庆祥里新租的校舍里。厨房虽然寻来了一家，饭厅上桌凳都不够，碗碟也不够。大家都知道这是我们自己创立的学校，所以不但不叫苦，还要各自掏腰包，捐出钱来作学校的开办费。有些学生把绸衣、金表，都拿去当了钱来捐给学堂做开办费。

十天之内，新学校筹备完成了，居然聘教员，排功课，正式开课了。校名定为"中国新公学"；学生有一百六七十人。在这风潮之中，最初的一年因为我是新学生，又因为我告了长时期的病假，所以没有参与同学和干事的争执；到了风潮正激烈的时期，我被举为大会书记，许多记录和宣言都是我做的；虽然不在被开除之列，也在退学之中。朱经，李琴鹤，罗君毅被举作干事。有许多旧教员都肯来担任教课。学校虽然得着社会上一部分人的同情，捐款究竟很少，经费很感觉困难。李琴鹤君担任教务干事，有一天他邀我到他房里谈话，他要我担任低年级各班的英文，每星期教课三十点钟，月薪八十元；但他声明，自家同学作教员，薪俸是不能全领的，总得欠着一部分。

我这时候还不满十七岁，虽然换了三个学堂，始终没有得着一张毕业证书。我若继续上课，明年可以毕业了。但我那时确有不能继续求学的情形。我家本没有钱。父亲死后，只剩下几千两的存款，存在同乡店家生息，一家人全靠这一点出息过日子。后来存款的店家倒账了，分摊起来，我家分得一点小店业。我的二哥是个有才干的人，他往来汉口上海两处，把这点小店业变来变去，又靠他的同学朋友把他们的积蓄寄存在他的店里，所以他能在几年之中合伙撑起一个规模较大的瑞兴泰茶叶店。但近几年之中，他的性情变了，一个拘谨的人变成了放浪的人；他的费用变大了，精力又不能贯注到店事，店中所托的人又不很可靠，所以店业一年不如一年。后来我家的亏空太大了，上海的店业不能不让给债权人。当戊申的下半年，我家只剩汉口一所无利可图的酒栈（内仪栈）了。这几个月以来，我没有钱住宿舍，就寄居在《竞业旬报》社里（也在庆祥里）。从七月起，我担任《旬报》的编辑，每出一期报，社中送我十块钱的编辑费。住宿和饭食都归社中担负。我家中还有母亲，眼前就得要我寄钱赡养了。母亲也知道家中破产就在眼前，所以寄信来要我今年回家去把婚事办了。我斩钉截铁的阻止了这件事，名义上是说求学要紧，其实是我知道家中没有余钱给我办婚事，我也没有钱养家。

正在这个时候，李琴鹤君来劝我在新公学作教员。我想了一会，就答应了。从此以后，我每天教六点钟的英文，还要改作文卷子。十七八岁的少年人，精力正强，所以还能够勉强支持下去，直教到第二年（一九〇九）冬天中国新公学解散时为止。

以学问论，我那时怎配教英文？但我是个肯负责任的人，肯下苦功去预备功课，所以这一年之中还不曾有受窘的时候。我教的两班后来居然出了几个有名的人物：饶毓泰（树人），杨铨（杏佛），严庄（敬斋），都做过我的英文学生。后来我还在校外收了几个英文学生，其中有一个就是张奚若。可惜他们后来都不是专习英国文学的；不然，我可真"抖"了！

《竞业旬报》停刊之后，我搬进新公学去住。这一年的教学生活虽然很苦，于我自己却有很大的益处。我在中国公学两年，受姚康侯和王云五两先生的影响很大，他们都最注重文法上的分析，所以我那时虽不大能说英国话，却喜欢分析文法的结构，尤其喜欢拿中国文法来做比较。现在做了英文教师，我更不能不把字字句句的文法弄的清楚。所以这一年之中，我虽没有多读英国文学书，却在文法方面得着很好的练习。

中国新公学在最困苦的情形之下支持了一年多，这段历史是很悲壮的。那时候的学堂多不讲究图书仪器的设备，只求做到教员好，功课紧，管理严，就算好学堂了。新公学的同学因为要争一口气，所以成绩很好，管理也不算坏。但经费实在太穷，教员只能拿一部分的薪俸，干事处常常受收房捐和收巡捕捐的人的恶气；往往因为学校不能付房捐与巡捕捐，同学们大家凑出钱来，借给干事处。有一次干事朱经农君（即朱经）感觉学校经费困难已到了绝地，他忧愁过度，神经错乱，出门乱走，走到了徐家汇的一条小河边，跳下河去，幸遇人救起，不曾丧命。

这时候，中国公学的吴淞新校舍已开始建筑了，但学生很少。内地来的学生，到了上海，知道了两个中国公学的争持，大都表同情于新公学，所以新公学的学生总比老公学多。例如张奚若（原名耘）等一些陕西学生，到了上海，赶不上招考时期，他们宁可在新公学附近租屋补习，却不肯去老公学报名。所以"中国新公学"的招牌一天不去，"中国公学"是一天不得安稳发展的。老公学的职员万不料我们能支持这么久。他们也知道我们派出去各省募捐的代表，如朱绂华、朱经农、薛传斌等，都有有力的介绍，也许有大规模的官款补助的可能。新公学募款若成功，这个对峙的局面更不容易打消了。

老公学的三干事之中，张邦杰（俊生）先生当风潮起时在外省募款未归；他回校后极力主张调停，收回退学的学生。不幸张先生因建筑吴淞校舍，积劳成病，不及见两校的合并就死了。新公学董事长李平书先生因新校经济不易维持，也赞成调停合并。调停的条件大致是：凡新公学的学生愿意回去的，都可回去；新公学的功课成绩全部承认；新公学所有亏欠的债务，一律由老公学担负清偿。新公学一年之中亏欠已在一万元以上，捐款究竟只是种不能救急的希望；职员都是少年人，牺牲了自己的学业来办学堂，究竟不能持久。所以到了己酉（一九○九）十月，新公学接受了调停的条件，决议解散：愿回旧校者，自由回去。我有题新校合影的五律二首，七律一首，可以纪念我们在那时候的感情，所以我们抄在这里：

十月题新校合影，时公学将解散

无奈秋风起，艰难又一年。
颠危俱有责，成败岂由天？
黯黯愁兹别，悠悠祝汝贤。
不堪回首处，沧海已桑田。

此地一为别，依依无限情。
凄凉看日落，萧瑟听风鸣。
应有天涯感，无忘城下盟！
相携入图画，万虑苦相萦。

十月再题新校教员合影

也知胡越同舟谊，无奈惊涛动地来。
江上飞鸟犹绕树，尊前残蜡已成灰。
昙花幻相空余恨，鸿爪遗痕亦可哀。
莫笑劳劳作刍狗，且论臭味到芩苔。

这都算不得诗，但"应有天涯感，无忘城下盟"两句确是当时的心理。合并之后，有许多同学都不肯回老公学去，也是为此。这一年的经验，为一个理想而奋斗，为一个团体而牺牲，为共同生命而合作，这些都在我们一百六十多人的精神上留下磨不去的影子。二十多年来，无人写这一段历史，所以我写这几千字，给我的一班老同学留一点"鸿爪遗痕"。

少年人的理想主义受打击之后，反动往往是很激烈的。在戊申、己酉（一九〇八～一九〇九）两年之中，我的家事败坏到不可收拾的地步。己酉年，大哥和二哥回家，主张分析家产；我写信回家，说我现在已能自立了，不要家中的产业。其实家中本没有什么产业可分，分开时，兄弟们每人不过得着几亩田，半所屋而已。那一年之中，我母亲最心爱的一个妹子和一个弟弟先后死了，她自己也病倒了。我在新公学解散之后，得了两三百元的欠薪，前途茫茫，毫无把握，哪敢回家去？只好寄居在上海，想寻一件可以吃饭养家的事。在那个忧愁烦闷的时候，又遇着一班浪漫的朋友，我就跟着他们堕落了。

[注] 这一段是去年（一九三一年）夏间写的，写成之后，我恐怕我的记载有不正确或不公平的地方，所以把原稿送给王敬芳先生（抟沙），请他批评修改。他是我们攻击的干事之一，是当日风潮的一个主要目标。但事隔二十多年，我们都可以用比较客观的眼光来回看当年的旧事了。他看了之后，写了一封几千字的长信给我，承认我的话"说的非常心平气和，且设身处地的委曲体谅，令我极端佩服"，又指出一些与当日事实不符的地方。他指出的错误，我都改正了。所以这一段小史，虽是二十多年后追记的，应该没有多大的错误。我感谢王先生的修正，并且盼望我的老同学朱经农、罗君毅诸先生也给我同样的修正。

王先生在他的长信里说了几句很感慨的话，我认为很值得附录在此。他说：

"我是当初反对取缔规则最力的人，但是今日要问我取缔规则到底对于中国学生有多大害处，我实在答应不出来。你是当时反对公学最力的人，看你这篇文章，今昔观察也就不同的多了。我想青年人往往因感情的冲动，理智便被压抑了。中国学校的风潮，大多数是由于这种原因。学校中少一分风潮，便多一分成就。盼望你注意矫正这种流弊。"

我是赞成这话的，但是我要补充一句：学校的风潮不完全由于青年人的理智被感情压抑了，其中往往是因为中年人和青年人同样的失去了运用理智的能力。专责备青年人是不公允的。中国公学最近几次的风潮都是好例子。

廿一，九，廿七

二

中国新公学有一个德国教员，名叫何德梅（Ottomeir），他的父亲是德国人，母亲是中国人，他能说广东话，上海话，官话。什么中国人的玩意儿，他全会。我从新公学出来，就搬在他隔壁的一所房子里住，这两所房子是通的，他住东屋，我和几个四川朋友住西屋。和我同住的人，有林君墨（恕）、但怒刚（懋辛）诸位先生；离我们不远，住着唐桂梁（蟒）先生，是唐才常的儿子。这些人都是日本留学生，都有革命党的关系；在那个时候各地的革命都失败了，党人死的不少，这些人都很不高兴，都很牢骚。何德梅常邀这班人打马将，我不久也学会了。我们打牌不赌钱，谁赢谁请吃雅叙园。我们这一班人都能喝酒，每人面前摆一大壶，自斟自饮。从打牌到喝酒，从喝酒又到叫局，从叫局到吃花酒，不到两个月，我都学会了。

幸而我们都没有钱，所以都只能玩一点穷开心的玩意儿：赌博到吃馆子为止，逛窑子到吃"镶边"的花酒或打一场合股份的牌为止。有时候，我们也同去看戏。林君墨和唐桂梁发起学唱戏，请了一位小喜禄来教我们唱戏，同学之中有欧阳予倩，后来成了中国戏剧界的名人。我最不行，一句也学不会，不上两天我就不学了。此外，我还有一班小朋友，同乡有许怡荪、程乐亭、章希吕诸人，旧同学有郑仲诚、张蜀川、郑铁如诸人。怡荪见我随着一班朋友发牢骚，学堕落，他常常规劝我。但他在吴淞复旦公学上课，是不常来的，而这一班玩的朋友是天天见面的，所以我那几个月之中真是在昏天黑地里胡混。有时候，整夜的打牌；有时候，连日的大醉。

有一个晚上，闹出乱子来了。那一晚我们在一家"堂子"里吃酒，喝的不少了，出来又到一家去"打茶围"。那晚上雨下的很大，下了几点钟还不止。君墨桂梁留我打牌，我因为明天要教书（那时我在华童公学教小学生的国文），所以独自雇人力车走了。他们看我能谈话，能在一叠"局票"上写诗词，都以为我没有喝醉，也就让我一个人走了。

其实我那时已大醉了，谈话写字都只是我的"下意识"的作用，我全不记忆。出门上车以后，我就睡着了。

直到第二天天明时，我才醒来，眼睛还没有睁开，就觉得自己不是睡在床上，是睡在硬的地板上！我疑心昨夜喝醉了，睡在家中的楼板上，就喊了一声"老彭！"——老彭是我雇的一个湖南仆人。喊了两声，没有人答应，我已坐起来了，眼也睁开了。

奇怪的很！我睡在一间黑暗的小房里，只有前面有亮光，望出去好像没有门。我仔细一看，口外不远好像还有一排铁栅栏。我定神一听，听见栏杆外有皮鞋走路的声响。一会儿，狄托狄托的走过来了，原来是一个中国巡捕走过去。

我有点明白了，这大概是巡捕房，只不知道我怎样到了这儿来的。我想起来问一声，这时候才觉得我一只脚上没有鞋子，又觉得我身上的衣服都是湿透了的。我摸来摸去，摸不着那一只皮鞋；只好光着一只袜子站起来，扶着墙壁走出去，隔着栅栏招呼那巡捕，问他这是什么地方。

他说："这是巡捕房。"

"我怎么会进来的？"

他说："你昨夜喝醉了酒，打伤了巡捕，半夜后进来的。"

"什么时候我可以出去？"

"天刚亮一会，早呢！八点钟有人来，你就知道了。"

我在亮光之下，才看见我的旧皮袍不但是全湿透了，衣服上还有许多污泥。我又觉得脸上有点疼，用手一摸，才知道脸上也有污泥，并且有破皮的疤痕。难道我真同人打了架吗？

这是一个春天的早晨，一会儿就是八点钟了。果然有人来叫我出去。

在一张写字桌边，一个巡捕头坐着，一个浑身泥污的巡捕立着回话。那巡捕头问：

"就是这个人？"

"就是他。"

"你说下去。"

那浑身泥污的巡捕说：

"昨夜快十二点钟时候，我在海宁路上班，雨下的正大。忽然（他指着我）他走来了，手里拿着一只皮鞋敲着墙头，狄托狄托的响。我拿巡捕灯一照，他开口就骂。"

"骂什么？"

"他骂'外国奴才'！我看他喝醉了，怕他闯祸，要带他到巡捕房里来。他就用皮鞋打我，我手里有灯，抓不住他，被他打了好几下。后来我抱住他，抢了他的皮鞋，他就和我打起来了。两个人抱住不放，滚在地上。下了一夜的大雨，马路上都是水，两个人在泥水里打滚。我的灯也打碎了，身上脸上都被他打了。"

他脸上的伤是在石头上擦破了皮。我吹叫子，唤住了一部空马车，两个马夫帮我捉住他，关在马车里，才能把他送进来。我的衣服是烘干了，但是衣服上的泥都不敢弄掉，这都是在马路当中滚的。"

我看他脸上果然有伤痕，但也像是擦破了皮，不像是皮鞋打的。他解开上身，也看不出什么伤痕。

巡捕头问我，我告诉了我的真姓名和职业，他听说我是在华童公学教书的，自然不愿得罪我。他说，还得上堂问一问，大概要罚几块钱。

他把桌子上放着的一只皮鞋和一条腰带还给我。我穿上了鞋子，才想起我本来穿有一件缎子马褂。我问他要马褂，他问那泥污的巡捕，他回说："昨夜他就没有马褂。"

我心里明白了。

我住在海宁路的南林里，那一带在大雨的半夜里是很冷静的。我上了车就睡着了。车夫到了南林里附近，一定是问我到南林里第几弄。我大概睡的很熟，不能回答了。车夫叫我不醒，也许推我不醒，他就起了坏心思，把我身上的钱摸去了，又把我的马褂剥去了。帽子也许是他拿去了的，也许是丢了的。他大概还要剥我的皮袍，不想这时候，我的"下意识"醒过来了，就和他抵抗。那一带是没有巡捕的，车夫大概是拉了车子跑了，我大概追他不上，自己也走了。皮鞋是跳舞鞋式的，没有鞋带，所以容易掉下来；也许是我跳下车来的时候就掉下来了，也许我拾起了一只鞋子来追赶那车夫。车夫走远了，我赤着一只脚在雨地里自然追不上。我慢慢的依着"下意识"走回去。醉人往往爱装面子，所以我丢了东西反唱起歌来了，——也许唱歌是那个巡捕的胡说，因为我的意识生活是不会唱歌的。

这是我自己用想象来补充的那一段，是没有法子证实的了。但是我想到在车上熟睡的一段，不禁有点不寒而栗，身上的水湿和脸上的微伤哪能比那时刻的生命危险呢？

巡捕头许我写一封短信叫人送到我的家中。那时候郑铁如（现在的香港中国银行行长）住在我家中，我信上托他带点钱来准备做罚款。

上午开堂问事的时候，几分钟就完了，我被罚了五元，做那个巡捕的养伤费和赔灯费。

我到了家中，解开皮袍，里面的棉袄也湿透了，一解开来，里面热气蒸腾：湿衣裹在身上睡了一夜，全蒸热了！我照镜子，见脸上的伤都只是皮肤上的微伤，不要紧的。可是　夜的湿气倒是可怕。

同住的有一位四川医生，姓徐，医道颇好。我请他用猛药给我解除湿气。他下了很重的泻药，泄了几天；可是后来我手指上和手腕上还发出了四处的肿毒。

那天我在镜子里看见我脸上的伤痕，和浑身的泥湿，我忍不住叹一口气，想起"天生我材必有用"的诗句，心里百分懊悔，觉得对不住我的慈母，——我那在家乡时时刻刻悬念着我，期待着我的慈母！我没有掉一滴眼泪，但是我已经过了一次精神上的大转机。

我当日在床上就写信去辞了华童公学的职务，因为我觉得我的行为玷辱了那个学校的名誉。况且我已决心不做那教书的事了。

那一年（庚戌，一九一○）是考试留美赔款官费的第二年。听说，考试取了备取的还有留在清华学校的希望。我决定关起门来预备去应考试。

许怡荪来看我，也力劝我摆脱一切去考留美官费。我所虑的有几点：一是要筹养母之费，二是要还一点小债务，三是要筹两个月的费用和北上的旅费。怡荪答应替我去设法。后来除他自己之外，帮助我的有程乐亭的父亲松堂先生，和我的族叔祖节甫先生。

我闭户读了两个月的书，就和二哥绍之一同北上。到了北京，蒙二哥的好朋友杨景苏先生（志洵）的厚待，介绍我住在新在建筑中的女子师范学校（后来的女师大）校舍里，所以费用极省。在北京一个月，我不曾看过一次戏。

杨先生指点我读旧书，要我从《十三经注疏》用功起。我读汉儒的经学，是从这个时候起的。

留美考试分两场，第一场考国文英文，及格者才许考第二场的各种科学。国文试题为"不以规矩不能成方圆说"，我想这个题目不容易发挥，又因我平日喜欢看杂书，就做了一篇乱谈考据的短文，开卷就说：

矩之作也，不可考矣。规之作也，其在周之末世乎？

下文我说《周髀算经》作圆之法足证其时尚不知道用规作圆；又孔子说："不逾矩"，而不并举规矩，至墨子、孟子始以规矩并用，足证规之晚出。这完全是一时异想天开的考据，不料那时看卷子的先生也有考据癖，大赏识这篇短文，批了一百分。英文考了六十分，头场平均八十分，取了第十名。第二场考的各种科学，如西洋史，如动物学，如物理学，都是我临时抱佛脚预备起来的，所以考的很不得意。幸亏头场的分数占了大便宜，所以第二场我还考了个第五十五名。取送出洋的共七十名，我很挨近榜尾了。

南下的旅费是杨景苏先生借的。到了上海，节甫叔祖许我每年遇必要时可以垫钱寄给我的母亲供家用。怡荪也答应帮我。没有这些好人的帮助，我是不能北去，也不能放心出国的。

我在学校里用胡洪骍的名字；这回北上应考，我怕考不取为朋友学生所笑，所以临时改用胡适的名字。从此以后，我就叫胡适了。

廿一，九，廿七夜

《胡适留学日记》节选

《胡适留学日记》是胡适在美国留学期间写的日记和杂记，原名《藏晖室札记》，一九三九年上海亚东图书馆出版，后胡适将这部日记校对一遍，改成今名。一九一〇年八月起在康乃尔大学，一九一五年九月二十日后在哥伦比亚大学。

一九一一年一月卅日（星一）

辛亥元旦。作家书（母四）。考生物学，尚无大疵。

今日《五尺丛书》送来，极满意。《五尺丛书》（*Five Foot Shelf*）又名《哈佛丛书》（*Harvard Classics*），是哈佛大学校长伊里鹗（Eliot）主编之丛书，收集古今名著，印成五十巨册，长约五英尺，故有"五尺"之名。

今日有小诗一首：

> 永夜寒如故，朝来岁已更。层冰埋大道，积雪压孤城。
>
> 往事潮心上，奇书照眼明。可怜逢令节，辛苦尚争名。

二月一日（星三）

读英文诗。作植物学报告。得云五一片。

余初意此后不复作诗，而入岁以来，复为冯妇，思之可笑。

二月六日（星一）

写字二张。读狄更氏《双城记》。

平日已习于学，今假中一无所事，反觉心身无着落处，较之日日埋头读书尤难过也。

大雪深尺许。

二月十四日（星二）

上课。昨今两日皆每日七时，颇忙碌。

此次大考，生物学得九十五分，植物学得八十三分，殊满意矣。

二月廿五日（星六）

上课。

是日下午与刘千里出外散步，循 Bryant 街而上，绕一大圈子而归。

是夜赴世界学生会（Cosmopolitan Club）。

三月八日（星三）

英文及德文均有小考。

新课本："*Kleider Machen Leute*"（德），"*Romeo and Juliet*"（英）。

三月十四日（星二）

上课。

夜读 "*Romeo and Juliet*"。此书情节殊不佳，且有甚支离之处。然佳句好词亦颇多，正如吾国之《西厢》，徒以文传者也。

是日闻生物学教员言美国今日尚有某校以某君倡言"天演论"致被辞退者，可谓怪事！

五月十三日（星六）

今日英文小考，即作 Addison and Steele 二人传。

至 Percy Field 看联合运动会（Track）及棒球（Baseball），是日康南耳与普麟斯吞（Princeton）竞争，结果康南耳胜。

（附注）Track Meet 今译"田径赛"。

六月七日（星三）

温气象学。考气象学。

下午看《水浒》。久不看此书，偶一翻阅，如对故人。此书真是佳文。余意《石头记》虽与此异曲同工，然无《水浒》则必不有《红楼》，此可断言者也。

六月十三日（星二）

出门旅行第一次，游 Pocono Pines。十二时廿五分车行，下午五时半到。自 Ithaca 至此，计百四十七英里。中国基督教学生会在此开夏令会，明日起至十九日止。今日华人到者十三人（到会者不全是基督徒）。

七月四日（星二）

读 Plato's *Apology of Socrates*。

今日为美国独立纪念日，夜八时至湖上观此间庆祝会。士女来游者无算，公园中百戏俱陈，小儿女燃花爆为乐。既而焰火作矣，五光十色，备极精巧。九时半始归。

八月十日（星四）

上课。夜早睡；连日或以读书，或以打牌，恒子夜始寝，今日觉有不适，故以此矫之。

八月十六日（星三）

今日为暑期学校课最末一日。

去年今日去国，去祖国已一年矣。今日得堂上家书，坐 Morse 院外坡上读之。读已四望，湖光如镜，白杨青枫，萧萧作声，树间鼪鼯窥人，毫无畏态。佳哉此日！

九月四日（星一）

今日为劳动节（Labor Day），为休息之日。打牌。

读仲马小说。吾读《侠隐记》续集，已尽六巨册，亦不知几百万言矣。此"*Son of Porthos*"为最后之一册。伟矣哉，小说之王也！

九月十七日（星期）

演说会第一次举行辩论，题为"中国今日当行自由结婚否？"余为反对派，以助者不得其人，遂败。

读小说。

九月廿三日（星六）

今日匆匆竟未读书何也？上午拍球；下午预备演说，定下学期课程。

十月十日（星二）

上课。下午地质学野外实习。读 Thackeray's "*Round About Papers*"，甚趣。至 Falls Greek，风景佳绝，余居此一年，乃未游此地，可惜可惜。

十月十四日（星六）

上课。种果学野外实习。

武昌宣告独立。北京政府震骇失措，乃起用袁世凯为陆军总帅。美国报纸均袒新政府。

一九一二年九月廿六日（星四）

第一日上课：哲学史。美术哲学。

下午，旁听 Prof. Burr 之中古史，甚喜之。夜译《割地》，未成。

十月四日（星五）

上课。夜有世界会董事会。作报告。读心理学，此书文笔畅而洁，佳作也。

是日，上午有 Prof. N. Schmidt 演说"石器时代之人类"，辅以投影画片，写人类草昧之初种种生活状态，观之令人惊叹。吾人之祖宗，万年以来，种种创造，种种进化，以成今日之世界，真是绝大伟绩，不可忘也。今年大学文艺院特请校中有名之教师四人每星期演讲一次，总目为"文明之史"，自草昧之初以迄近世，最足增人见闻，当每次往听之。

十月十日（星四）

上课。下午得纽约 *The Outlook* 一书，以予前投一稿，论我国女子参政权，因旁及选举限制，此报欲知其详，来书有所询问，以书答之。余月前作此稿，投

之纽约 *The Independent*，未蒙登载，故改投此报。此二报为此邦最有势力之杂志，故以投之。

今日为我国大革命周年之纪念，天雨濛笼，秋月萧瑟，客子眷顾，永怀故国，百感都集。欲作一诗写吾悠悠之思，而苦不得暇。

今日 Montenegro 王国与土耳其宣战，巴尔干半岛风云又起矣。世界和平之声犹在耳边，而战歌杀声亦与相间而起，东亚革命之周年纪念，乃与巴尔干战云相映，亦一奇也。

十一月五日（星二）

上课。

今日为美国选举日期，夜入市观之。此间有报馆两家，俱用电光影灯射光粉墙上，以报告各邦各州选举之结果，惟所得殊不完备。市上观者甚众，每一报告出，辄欢呼如雷。以大势观之，似民主党胜也。其附威尔逊者，则结袂连裾成一队，挟乐器绕行市上，欢呼之声，与乐歌相答，其热心政事可念也。来者亦多妇人，倚墙而立，历数时不去，夜渐深始陆续归去。然留者仍不少。闻确实效果，须明晨或上午始可见之也。

是日重读 Plato's *Apology*，*Crito*，and *Phaedo* 三书，益喜之。

国家与世界（一九一三年四月）

吾今年正月曾演说吾之世界观念，以为今日之世界主义，非复如古代 Cynics and Stoics 哲学家所持之说，彼等不特知有世界而不知有国家，甚至深恶国家之说，其所期望在于为世界之人（A citizen of the world），而不认为某国之人。今人所持之世界主义则大异于是。今日稍有知识之人，莫不知爱其国。故吾之世界观念之界说曰："世界主义者，爱国主义而柔之以人道主义者也。"

顷读邓耐生（Tennyson）诗至"*Hands All Round*"篇有句云：

That man's the best cosmopolite

Who loves his native country best.

（彼爱其祖国最挚者，乃真世界公民也。）

深喜其言与吾暗合。故识之。

"博学铁匠" 巴立特 （十月八日）

是日读巴立特（Elihu Burritt, 1811—1879）事迹及所著书，此人亦怪才也。幼贫为锻工，仅入学六月，而苦读不辍，年三十能读五十国文字，遂惊一世，称博学铁匠焉（The Learned Blacksmith）。三十以后，演说著书，持世界和平主义甚力，南北美黑奴问题之起，君主放奴赎奴之说，传檄遍国中。其人慷慨好义，行善若渴，固不特以语学名也。

中国似中古欧洲？ （十月九日）

读 Ashley's *Introduction to English History and Economic Theory* 之第末篇论 *The Canonist Doctrine*，甚有所得。昔 E. A. Ross 著 *The Changing Chinese*，其开篇第一语曰："中国者，欧洲中古之复见于今也。"（China is the Middle Ages made visible）初颇疑之，年来稍知中古文化风尚，近读此书，始知洛史氏初非无所见也。

读 Synge 短剧 （十月十一日）

昨今两日，读爱尔兰近代戏曲巨子 J. M. Synge（1971—1909）短剧二本：

1．*Riders to the Sea*.

2．*In the Shadow of the Glen*.

写爱尔兰贫民状况极动人。其第一剧尤佳，写海滨一贫家，六子皆相继死于水，其母老病哀恸，絮语呜咽，令人不忍卒读，真绝作也。

读《嘉富尔传》（十月十一日）

今日读 Andrew D. White 之嘉富尔（Cavour）传，甚喜之。意大利建国三杰玛里尼、加里波的与嘉富尔，各有所长，各行其是。玛主共和，以笔舌开其先；嘉主统一宪政国，以外交内政实行之，加亦主民主，以一剑一帜实行之。三子者不同道，其为人杰则一也。一者何也？新意大利也。

今日吾国急需之三术 （一九一四年一月廿五日）

今日吾国之急需，不在新奇之学说，高深之哲理，而在所以求学论事观物经国之术。以吾所见言之，有三术焉，皆起死之神丹也：

一曰归纳的理论，

二曰历史的眼光，

三曰进化的观念。

我之自省 （一月廿五日）

余近来读书多所涉猎而不专精，泛滥无方而无所专注，所得皆皮毛也，可以入世而不足以用世，可以欺人而无以益人，可以自欺而非所以自修也。后此宜痛改之。

壁上格言 （一月廿八日）

余壁上有格言云：

If you can't say it out loud, keep your mouth shut.

（如果不敢高声言之，则不如闭口勿言也。）

此不知何人之言，予于书肆中见此贴，有所感触，携归，悬壁上，二年余
矣。此与孔子"知之为知之，不知为不知，是知也"同意。不敢高声言之者，以
其无真知灼见也。余年来演说论学，都奉此言为圭臬，虽有时或不能做到，然
终未敢妄言无当，尤不敢大言不惭，则此一语之效也。

记本校毕业式（六月十七日）

余虽于去年夏季作完所需之功课，惟以大学定例，须八学期之居留，故至
今年二月始得学位，今年夏季始与六月卒业者同行毕业式。毕业式甚繁，约略
记之。

六月十四日，星期，礼拜堂有"毕业讲演"（Baccalaureate Sermon）。讲
演之牧师为纽约 The Rev. William Pierson Merrill, D.D，题为 *So speak ye, and so
do, as men that are to be judged by a law of liberty*（James Ⅱ：12），略言今人推
翻一切权势，无复有所宗仰，惟凡人处权力之下易也，而处自由之下实难，前
此种种之束缚，政治法律宗教各有其用，今一一扫地以尽，吾人将何以易之乎？
其言甚痛切。

十五日，往观大学象戏会（Cornell Masque）演英大剧家 Bernard Shaw 之
讽世剧"*You Never Can Tell*"。

十六日谓之"毕业班之日"，毕业生及其戚友会于山坡草地上，行毕业日
演艺。是夜白特生夫人延余餐于其家。以予客处，无家人在此观予毕业，故夫
人相招以慰吾寂寥，其厚意可感也。

十七日为毕业日，英名 Commencement，译言肇始也，夫毕业也而名之曰
肇始者，意以为学业之终而入世建业之始，其义可思也。是日毕业可九百人，皆

礼服，各以学科分列成双行。礼服玄色，方冠。冠有旒，旒色以学科而异，如文艺院生白旒，农院黄旒，律院紫旒是也。钟十一下，整队行，校董前行，校长院长次之，教长教员又次之，学生则文艺院生居先列，而工科生为最后。毕业场在山坡草地上，设帐为坛。坛上坐校董以次至教员。坛前设座数千，中为毕业生，外为观者，盖到者不下三千人。坐定，乐队奏乐。有牧师率众祈祷。校长颁给学位，毕业生起立，旒垂左额；既得学位，则以手移旒于右额。复坐，又奏乐。乐终，校长致毕业训词。校长休曼先生（Jacob Gould Schurman）本演说大家，此日所演尤动人，略言诸生学成用世，有数事不可少：

一、健全之身体，二、专一之精神，三、科学之智识，四、实地之经验。

其结语尤精警动人。语时诸先生皆起立。其言如下：

Ladies and gentlemen of the graduating classes: If what I have been saying is correct—and I think it is—I may draw a conclusion of great encouragement for every one of you. The life you are about to enter is indeed a race; but it is a race in which not merely one, but every one, may win the prize. For each of you is called on to serve the community; and if, like the members of the crew or team; you each play your part well, you will have won the only prize that is open to you. If the life of men were a mere struggle for each one to get his head above everybody else, then of course the only victor would be the financial magnate, the political potentate, or the gourmand or insatiate sensualist. But if life really means faithful service in and for the community—as religion and reflection agree in declaring—then all honest work, all loyal effort, brings its own reward.

　　"Act well your part,

　　There all the honor lies."

BS-2020-01-20

If life is a game, it is a rivalry in generous service to the community of which we are all members. College graduates because of their superior education should be able to render better service than others. The public has a right to expect it of us. My dearest hope, my most earnest prayer, for each and all of you is that you may rise to the height of your opportunities and win the noblest prize open to human beings—the crown of high character, of intellectual attainment, and of loyal service to your day and generation.

演说既毕，全体合唱"母校"之歌。有哽咽不成声者。盖诸生居此四年，一旦休业，临此庄肃之会，闻赠别之辞，唱"母校"之歌，正自有难堪者在，盖人情也。

札记（七月五日）

英文亦有日记札记之别：逐日记曰 Diary，或曰 Journal。札记曰 Memoir。述往事曰 Reminiscences。自传曰 Autobiography。

爱迪生拜蜜蜂做老师（七月八日）

爱迪生（Thomas Edison）近来拜了一只蜜蜂作老师。他观察了那蜜蜂的活动有这样的报告：

如果我们能有一件东西可以每秒钟扇动空气二百次，我们就能造出一只真正的飞机，能造出一只比空气重的大飞机。这蜂的身体比他的两翅重七千倍。只要能做到这一点，就行了，就行了！这蜂的两翅扇动空气每秒钟三百次。

右一则见 *Outlook* 杂志。

记兴趣（Interest）（七月十六日）

今日读《外观报》，有 H. Addington Bruce 论 "*The Importance of Being Interested*"（*The Outlook,* July 18, 1914）一文，极喜之，节其大要如下：

人生能有所成就，其所建树，对于一己及社会皆有真价值者，果何以致此耶？无他，以其对于所择事业具深挚之兴趣，故专心肆力以为之耳。

弗兰克令幼时，父令习造烛，非所喜也；后令习印书，亦非所喜也；惟以印书之肆易得书，得书乃大喜，日夜窃读之。十六岁即不喜肉荤，欲节费买书也。复学作文，极勤苦，文乃大进，年未三十而名闻远近。及其死也，欧美两洲交称之，以为圣人。达尔文少时不乐读书，家人以为愚钝，日惟喜闲行田野中打枪，逐狗，杀鼠。父忧之，令入格拉司科大学习医，数月即弃去。又令入康桥大学习经典，既至，适韩思洛（Henslow）主讲天然学，达尔文往听讲，韩令日入深林中采花草捉虫鸟为标本，达大喜过望，习动植物学极勤，……他日遂发明"天演化论"之说，为世界开新纪元。穆刹（Mozart）父为宫中乐师，穆褴褓中习闻乐器，辄大喜，又时以细手按拍，父奇之，未三岁即教之乐器，所教辄能为之，四岁已能奏钢丝琴（Harpsichord），五岁已能自作曲，六岁习提琴（Violin），惊倒国中名手，……其后遂成世界音乐巨子。

此三子之能有所建树成不朽之业者，皆以其所择业为性所酷嗜，兴趣所在，故专一以赴之，其成功宜也。成功之要道无他，浓挚之兴趣，辅之以坚忍之工夫而已耳。然坚忍之工夫，施之于性之所近，生平所酷嗜，则既不勉强，收效尤易而大。

拿破仑喜战阵，虽在剧场乐部，其心中所筹画皆调兵之布置也。穆刹自三岁即习音乐，于世界巨子之作无所不读，一日，与友人为桌球戏（Billiard），口中咿哑不绝，戏终，自言已成一谱，即其最著名之"*Zauberflote*"之第一节也。

是故为父母者，宜视其子女兴趣所在以为择业之指南，又宜于子女幼时，随其趋向所在，培植其兴趣，否则削足适履，不惟无成，且为世界社会失一有用之才，滋可惜也。

利用光阴（七月十七日）

有人赠我萧士比名剧《亨利第五》，全书三百八十余页，用薄纸印之，故全书仅广寸有余半，长二寸，厚不及半寸，取携最便，因此置衣囊中，平日不读之，惟于厕上及电车中读之，约一月而读毕，此亦利用废弃光阴之一法也。

读书会 （七月十八日）

发起一会日读书会，会员每周最少须读英文文学书一部，每周之末日相聚讨论一次。会员不多，其名如下：

任鸿隽　梅光迪　张　耘　郭荫棠　胡　适

余第一周所读二书：

Hawthorne: *The House of Seven Gables.*

Hauptmann: *Before Dawn.*

欧洲几个"问题剧"巨子（七月十八日）

自伊卜生（Ibsen）以来，欧洲戏剧巨子多重社会剧，又名"问题剧"（Problem Play），以其每剧意在讨论今日社会重要之问题也。业此最著者，在昔有伊卜生（挪威人），今死矣，今日名手在德为赫氏，在英国萧伯纳氏（Bernard

Shaw），在法国白里而氏。

法律之弊（七月卅日）

读瑞典戏剧巨子施吞堡（Strindberg）短剧名《线索》者（*The Link*），论法律之弊，发人深省。伊卜生亦切齿法律之弊，以为不近人情，其所著《玩物》（*A Doll's House*，或译《娜拉》）中娜拉与奸人克洛司达一席话，皆论此题也。

读《海妲传》（八月九日）

昨日读伊卜生名剧《海妲传》（*Hedda Gabler*），极喜之。此书非问题剧也，但写生耳。海妲为世界文学中第一女蜮，其可畏之手段，较之萧氏之麦克伯妃（Lady Macbeth）但有过之无不及也。

近世不婚之伟人 （十一月二日）

吾尝倡"无后"说，今录近世不婚之伟人如下：

哲学家　　笛卡儿（Descartes）

　　　　　巴士卡尔（Pascal）

　　　　　斯平娜莎（Spinoza）

　　　　　康德（Kant）

　　　　　霍布士（Hobbes）

　　　　　陆克（Locke）

　　　　　斯宾塞（H. Spencer）

科学家　　奈端（Newton）

计学家　　亚丹斯密（Adam Smith）

文学家　　福尔特儿（Voltaire）

政治家　　别特（Wm. Pitt）

　　　　　　嘉富尔（Cavour）

史学家　　吉朋（Gibbon）

为学要能广大又能高深　（一九一五年二月三日）

学问之道两面（面者，算学之 dimension）而已：一曰广大（博），一曰高深（精），两者须相辅而行。务精者每失之隘，务博者每失之浅，其失一也。余失之浅者也。不可不以高深矫正之。

自课　（二月十八日）

曾子曰："士不可以不弘毅：任重而道远。仁以为己任，不亦重乎？死而后已，不亦远乎？"此何等气象，何等魄力！

任重道远，不可不早为之计：第一，须有健全之身体；第二，须有不挠不屈之精神，第三，须有博大高深之学问。日月逝矣，三者一无所成，何以对日月？何以对吾身？

吾近来省察工夫全在消极一方面，未有积极工夫。今为积极之进行次序曰：

第一，卫生：

　　每日七时起。

　　每夜十一时必就寝。

　　晨起作体操半时。

第二，进德：

　　表里一致——不自欺。

　　言行一致——不欺人。

　　对己与接物一致——恕。

今昔一致——恒。

第三，勤学：

每日至少读六时之书。

读书以哲学为中坚，而以政治，宗教，文学，科学辅焉。

主客既明，轻重自别。毋反客为主，须擒贼擒王。

读书随手作记。

国立大学之重要 （二月二十日）

与英文教师亚丹先生（Prof. J. Q Adams, Jr.）谈，先生问："中国有大学乎？"余无以对也。又问："京师大学何如？"余以所闻对。先生曰："如中国欲保全固有之文明而创造新文明，非有国家的大学不可。一国之大学，乃一国文学思想之中心，无之则所谓新文学新知识皆无所附丽。国之先务，莫大于是。……"余告以近来所主张国立大学之方针（见《非留学篇》）。先生亟许之，以为报国之义务莫急于此矣。先生又言，如中国真能有一完美之大学，则彼将以所藏英国古今剧本数千册相赠。先生以十五年之力收藏此集（集者，英文 Collection），每年所费不下五百金。余许以尽力提倡，并预为吾梦想中之大学谢其高谊。先生又言："办大学最先在筹款，得款后乃可择师。能罗致世界最大学者，则大学可以数年之间闻于国中，传诸海外矣。康南耳之兴也，白博士（Andrew Dickson White）亲至英伦聘 Goldwin Smith，当日第一史家也；又聘 James Lowell，当日文学泰斗也：得此数人，而学者来归矣。芝加哥大学之兴也，煤油大王洛氏捐巨金为助，于是增教师之修金，正教师岁得七千五百金。七千五百金在当日为莫大修脯，故能得国内外专门学者为教师。芝加哥之兴勃焉，职是故也。"先生此言与郑莱君所谈甚相合。

君他日能生见中国有一国家的大学可比此邦之哈佛，英国之康桥、牛津，德之柏林，法之巴黎，吾死瞑目矣。嗟夫！世安可容无大学之四百万方里四万万人口之大国乎！世安可容无大学之国乎！

国无海军，不足耻也；国无陆军，不足耻也！国无大学，无公共藏书楼，无博物院，无美术馆，乃可耻耳。我国人其洗此耻哉！（二月廿一日）

理想中之藏书楼（三月八日）

吾归国后，每至一地，必提倡一公共藏书楼。在里则将建绩溪阅书社，在外则将建皖南藏书楼、安徽藏书楼。然后推而广之乃提倡一中华民国国立藏书楼，以比英之 British Museum，法之 Bibliotheque National，美之 Library of Congress，亦报国之一端也。

梦想与理想（三月八日）

梦想作大事业，人或笑之，以为无益。其实不然。天下多少事业，皆起于一二人之梦想。今日大患，在于无梦想之人耳。

尝谓欧人长处在敢于理想。其理想所凝集，往往托诸"乌托邦"（Utopia）。柏拉图之 *Republic*，倍根之 *New Atlantis*，穆尔（Thomas More）之 *Utopia*，圣阿格司丁（Sir. Augustine）之 *City of God*，康德之 *Kingdom of Ends* 及其 *Eternal Peace*，皆乌托邦也。乌托邦者，理想中之至治之国，虽不能至，凡响往焉。今日科学之昌明，有远过倍根梦想中之《致治国》者，三百年间事耳。今日之民主政体虽不能如康德所期，然有非柏拉图二千四百年前所能梦及者矣。

雾中望落日（四月廿五日）

尼格拉飞瀑上流长河受诸大湖之冰，积水面，自岸上望之，气象佳绝。是日下午天大热，冰稍解，水气蒸为重雾。雾中望落日，其中无匹。吾生平见日未尝有如此次之大者也。

立异（四月廿七日）

有人谓我大病，在于好立异以为高。其然？岂其然乎？

所谓立异者何欤？

不苟同于流俗，不随波逐流，不人云亦云。非吾心所谓是，虽斧斤在颈，不谓之是。行吾心所安，虽举世非之而不顾。——此立异者也。吾窃有慕焉，而未能几及也。

下焉者自视不同流俗，或不屑同于流俗，而必强为高奇之行，骇俗之言，以自表异；及其临大节，当大事，则颓乎无以异于乡原也。——此吾友 C.W. 所谓"有意为狂"者也。

吾将何所择乎？吾所言行，果无愧于此人之言乎？

东西人士迎拒新思想之不同（五月八日）

偶语韦女士吾国士大夫不拒新思想，因举《天演论》为证。达尔文《物种由来》之出世也，西方之守旧者争驳击之，历半世纪而未衰。及其东来，乃风靡吾国，无有拒力。廿年来，"天择""竞存"诸名词乃成口头禅语。女士曰："此亦未必为中国士大夫之长处。西方人士不肯人云亦云，而必经几许试验证据辩难，而后成为定论。东方人士习于崇奉宗匠之言，苟其动听，便成圭臬。西方之不轻受新思想也，未必是其短处；东方之轻受之也，未必是其长处也。"此甚中肯。今之昌言"物竞天择"者，有几人能真知进化论之科学的根据耶？

美人不及俄人爱自由（五月廿一日）

人皆知美为自由之国，而俄为不自由之国，而不知美为最不爱自由之国，而俄为最爱自由之国也。美之人已得自由，故其人安之若素，不复知自由代价之贵矣。俄之人惟未得自由，而欲求得之，不惜杀身流血，放斥囚拘以求之，其爱自由而宝贵之也。不亦宜乎？吾友舒母君（P. B. Schumm）告余曰："伊卜生送其子之俄国受学，或谓之曰：'盍令往美乎？美，自由之国也。'伊卜生曰：'然俄，爱自由之国也。'"狄泊特女士亦持此说。

美之家庭亦未必真能自由，其于男女之交际，尤多无谓之繁文。其号称大家者，尤拘拘于小节。推原其始，盖起于防弊，而在今日已失其效用。其男女之黠者，非防闲所能为力。而其具高尚思想魄力者，则无所用其防闲。防闲徒损其志气，挫其独立之精神耳。

吾读俄国小说，每叹其男女交际之自由，非美国所可及。其青年男女以道义志气相结，或同习一艺，或同谋一事，或以乐歌会集，或为国事奔走，其男女相视，皆如平等同列，无一毫歧视之意，尤无邪亵之思。此乃真平权，真自由，非此邦之守旧老媪所能了解也。

吾之择业（五月廿八日）

与 C.W. 约，此后各专心致志于吾二人所择之事业，以全力为之，期于有成。

吾骛外太甚，其失在于肤浅，今当以专一矫正之。

吾生平大过，在于求博而不务精。盖吾返观国势，每以为今日祖国事事需人，吾不可不周知博览，以为他日为国人导师之预备。不知此谬想也。吾读书十余年，乃犹不明分功易事之义乎？吾生精力有限，不能万知而万能。吾所贡献于社会者，惟在吾所择业耳。吾之天职，吾对于社会之责任，惟在竭吾所能，为吾所能为。吾所不能，人其舍诸？

自今以往，当屏绝万事，专治哲学，中西兼治，此吾所择业也。

盛名非偶然可得（七月四日）

与讷博士夫妇，安吉尔君，狄鲁芬君（Trufant）驾帆船游凯约嘉湖，甚乐。夜复与安狄两君同往观伊卜生之《群鬼》（Ghosts）影戏。此剧本不适于影戏，改头换面，唐突西子矣。

安君自言一日晨九时起，作一文始终不惬意，及文成已夜半后二时矣。盖十七时未离座，亦未饮食，其专心致志如是，宜其享大名于世也。美国大发明家爱迭生（Thomas Edison）尝言所谓奇才者，其中百分之一得诸神来，百分之九十九得诸汗下。（Genius consists of one percent inspiration and ninety-nine percent perspiration.）信夫！

欧美学生与中国学生（七月廿二日）

吾友襃加利亚人（Bulgaria）盖贝夫（Angel Gabeff）与余谈襃国民风国势，甚有益。我所遇欧洲学生，无论其为德人，法人，俄人，巴尔干诸国人，皆深知其国之历史政治，通晓其国之文学。其为学生而懵然于其祖国之文明历史政治者，独有二国之学生耳，中国与美国是已。吾所遇之俄国学生，无不知托尔斯泰之全集，无不知屠格涅夫及杜思拖夫斯基（Dostoieffsky）者。吾国之学子，有几人能道李、杜之诗，左、迁之史，韩、柳、欧、苏之文乎？可耻也。

别矣绮色佳（九月廿一日）

九月二十日，遂去绮色佳。吾尝谓绮色佳为"第二故乡"，今当别离，乃知绮之于我，虽第一故乡又何以过之？吾去家十一年余，今心中之故乡，但有模糊之溪山，依稀之人面而已。老母，诸姊，一师，一友，此外别无所恋（诸兄居里时少，故不及之）。而绮之溪壑师友，历历在心目中。此五年之岁月，在吾生为最有关系之时代。其间所交朋友，所受待遇，所结人士，所得感遇，所得阅历，所求学问，皆吾所自为，与自外来之梓桑观念不可同日而语。其影响于将来之行实，亦当较儿时阅历更大。其尤可念者，则绮之人士初不以外人待余。余之于绮，虽无市民之关系，而得与闻其政事、俗尚、宗教、教育之得失，故余自视几如绮之一分子矣。今当去此，能无恋恋？昔人桑下三宿尚且有情，况五年之久乎？

廿一日晨抵纽约，居佛纳儿得馆（Furnald Hall）。此为哥伦比亚大学三宿舍之一。所居室在五层楼上，下临"广衢"（Broadway），车声轰轰，昼夜不绝，视旧居之"夜半飞泉作雨声"，真如隔世矣。

女子教育之最上目的（十月卅日）

吾自识吾友韦女士以来，生平对于女子之见解为之大变，对于男女交际之关系亦为之大变。女子教育，吾向所深信者也。惟昔所注意，乃在为国人造良妻贤母以为家庭教育之预备，今始知女子教育之最上目的乃在造成一种能自由能独立之女子。国有能自由独立之女子，然后可以增进其国人之道德，高尚其人格。盖女子有一种感化力，善用之可以振衰起懦，可以化民成俗，爱国者不可不知所以保存发扬之，不可不知所以因势利用之。

Adler 先生语录（一九一六年一月十一日）

Spiritual relation is the criss-cross relation between persons. It is love. It is spending one's self on another and receiving in return the spiritualizing and uplifting effects of so-doing.

（精神上的关系是人与人之间的参互交错的关系。就是爱。就是把自己消费在一个别人的身上，而在如此做时，自己也得着鼓舞向上的影响作酬报。）

Moral obligation is not the externally imposed command; it is the necessity to act so as to bring out the best in the other person. (the beloved one, for example)

（道德的责任并不是那外来的命令；只是必须要怎样做才可以引出别人——例如所爱之人——的最好部分。）

You can keep yourself alive and uplight by taking an interest in some other or alter.

（只有对于别人发生兴趣才可使自己常是活泼地，常是堂堂地。）

Live in vitally affecting others!

（让你的生活对别人产生深远的影响！）

So influence others as to make them cease to think cheaply of themselves.

（要这样影响别人：要使他们不再菲薄自己。）

美国诗人 Lowell 之名句

——失足成千古恨

One to every man and nation comes

the moment to decide,

In the strife of Truth with Falsehood,

for the good or evil side.

James Russell Lowell.（*The Present Crisis*）

罗素被逐出康桥大学（七月十四日）

英国哲学家罗素（Bertrand Russell）参加"反对强迫兵役会"（No-Conscription Fellowship），作文演说，鼓吹良心上的自由。法庭判决他有违反"祖国防卫法"之罪，罚金。康桥大学日前革去他的名字及数学原理教职。

"呜呼！爱国，天下几许罪恶假汝之名以行！"

元任来书论此事云：

What insanity cannot war lead to! The days of Bruno are always with us without eternal vigilance. Passed in one form, they come in another.

"时"与"间"有别（八月十五日）

余尝以为 Time 当译为"时"，Space 当译为"间"。

《墨子·经上》云："有间，中也。间，不及旁也。"今人以时间两字合同，非也。顷读蔡孑民先生旧译《哲学要领》以"宇"译 Space，以"宙"译 Time，又曰空间及时间。此亦有理。按《淮南子·齐俗训》云："往古来今谓之宙，四方上下谓之宇"，则宇宙古有"间"与"时"之别也。

哑戏（九月十六日）

昨夜去看一种戏，名叫"哑戏"（Pantomime）。"哑戏"者，但有做工，无有说白，佐以音乐手势，而观者自能领会。

戒骄（十月廿三日）

前日作一极不可宥之事，以骄气陵人，至人以恶声相报。余犯此病深矣。然受报之速而深，无如此次之甚者，不可不记也。

Judge not, that ye be not judged!

中国十年后要有什么思想

一月廿七日至斐城（Philadelphia）演说。斐城在纽约与华盛顿之间，已行半途，不容一访经农。故南下至华盛顿小住，与经农相见甚欢。一夜经农曰：我们预备要中国人十年后有什么思想？此一问题最为重要，非一人所能解决也，然吾辈人人心中当刻存此思想耳。

博士考试（五月廿七日追忆）

五月廿二日，吾考过博士学位最后考试。主试者六人。

Professor John Dewey

Professor D. S. Miller

Professor W. P. Montague

Professor W. T. Bush

Professor Frederich Hirth

Dr. W. F. Cooley

此次为口试，计时二时半。

吾之"初试"在前年十一月，凡笔试六时（二日），口试三时。

七年留学生活，于此作一结束，故记之。

第二章

此间的少年

一个人的思想，差不多是防身的武器，可以批评什么主义，可以避免一切纷扰。

读 书

原载《京报副刊》

一九二五年四月十八日

　　"读书"这个题，似乎很平常，也很容易。然而我却觉得这个题目很不好讲。据我所知，"读书"可以有三种说法：

　　（一）要读何书。关于这个问题，《京报副刊》上已经登了许多时候的"青年必读书"；但是这个问题，殊不易解决，因为个人的见解不同，个性不同。各人所选只能代表各人的嗜好，没有多大的标准作用。所以我不讲这一类的问题。

　　（二）读书的功用。从前有人作"读书乐"，说什么"书中自有千钟粟，书中自有黄金屋，书中自有颜如玉"，现在我们不说这些话了。要说，读书是求智识，智识就是权力。这些话都是大家会说的，所以我也不必讲。

　　（三）读书的方法。我今天是想根据个人所经验，同诸位谈谈读书的方法。我的第一句话是很平常的，就是说，读书有两个要素：

　　第一要精。

　　第二要博。

现在先说什么叫"精"。

我们小的时候读书，差不多每个小孩都有一条书签，上面写十个字，这十个字最普遍的就是"读书三到：眼到，口到，心到"。现在这种书签虽不用，三到的读书法却依然存在。不过我以为读书三到是不够的，须有四到，是"眼到，口到，心到，手到"。我就拿它来说一说。

眼到是要个个字认得，不可随便放过。这句话起初看去似乎很容易，其实很不容易。读中国书时，每个字的一笔一画都不放过。近人费许多功夫在校勘学上，都因古人忽略一笔一画而已。读外国书要把 A，B，C，D……等字母弄得清清楚楚。所以说这是很难的。如有人翻译英文，把 port 看作 pork，把 oats 看作 oaks，于是葡萄酒一变而为猪肉，小草变成了大树。说起来这种例子很多，这都是眼睛不精细的结果。书是文字做成的，不肯仔细认字，就不必读书。眼到对于读书的关系很大，一时眼不到，贻害很大，并且眼到能养成好习惯，养成不苟且的人格。

口到是一句一句要念出来。前人说口到是要念到烂熟背得出来。我们现在虽不提倡背书，但有几类的书，仍旧有熟读的必要：如心爱的诗歌，如精彩的文章，熟读多些，于自己的作品上也有良好的影响。读此外的书，虽不须念熟，也要一句一句念出来，中国书如此，外国书更要如此。念书的功用能使我们格外明瞭每一句的构造，句中各部分的关系。往往一遍念不通，要念两遍以上，方才能明白的。读好的小说尚且要如此，何况读关于思想学问的书呢？

心到是每章每句每字意义如何？何以如是？这样用心考究。但是用心不是叫人枯坐冥想，是要靠外面的设备及思想的方法的帮助。要做到这一点，须要有几个条件：

（一）字典，辞典，参考书等等工具要完备。这几样工具虽不能办到，也当到图书馆去看。我个人的意见是奉劝大家，当衣服，卖田地，至少要置备一点好的工具。比如买一本《韦氏大字典》，胜于请几个先生。这种先生终身跟着你，终身享受不尽。

（二）要做文法上的分析。用文法的知识，做文法上的分析，要懂得文法构造，方才懂得它的意义。

（三）有时要比较参考，有时要融会贯通，方能了解。不可但看字面。一个字往往有许多意义，读者容易上当。例如 turn 这字：

作外动字解有十五解，

作内动字解有十三解，

作名词解有二十六解，

共五十四解，而成语不算。

又如 strike：

作外动字解有三十一解，

作内动字解有十六解，

作名词解有十八解，

共六十五解。

又如 go 字最容易了，然而这个字：

作内动字解有二十二解，

作外动字解有三解，

作名词解有九解，

共三十四解。

以上是英文字须要加以考究的例。英文字典是完备的；但是某一字在某一句究竟用第几个意义呢？这就非比较上下文，或贯串全篇，不能懂了。

中文较英文更难，现在举几个例：

祭文中第一句"维某年月日"之"维"字，究作何解？字典上说它是虚字。《诗经》里"维"字有二百多，必需细细比较研究，然后知道这个字有种种意义。

又《诗经》之"于"字，"之子于归""凤凰于飞"等句，"于"字究作何解？非仔细考究是不懂的。又"言"字人人知道，但在《诗经》中就发生问题，必须比较，然后知"言"字为联接字。诸如此例甚多。中国古书很难读，古字典又不适用，非是用比较归纳的研究方法，我们如何懂得呢？

总之，读书要会疑，忽略过去，不会有问题，便没有进益。

宋儒张载说："读书先要会疑。于不疑处有疑，方是进矣。"他又说："在可疑而不疑者，不曾学。学则须疑。"又说："学贵心悟，守旧无功。"

宋儒程颐说："学源于思。"

这样看起来，读书要求心到；不要怕疑难，只怕没有疑难。工具要完备，思想要精密，就不怕疑难了。

现在要说手到。手到就是要劳动劳动你的贵手。读书单靠眼到，口到，心到，还不够的；必须还得自己动动手，才有所得。例如：

(1) 标点分段，是要动手的。

(2) 翻查字典及参考书，是要动手的。

(3) 做读书札记，是要动手的。札记又可分四类：

(a) 抄录备忘。

(b) 作提要，节要。

(c) 自己记录心得。张载说："心中苟有所开，即便札记。不则还塞之矣。"

(d) 参考诸书，融会贯通，作有系统的著作。

手到的功用。我常说：发表是吸收智识和思想的绝妙方法。吸收进来的智识思想，无论是看书来的，或是听讲来的，都只是模糊零碎，都算不得我们自己的东西。自己必须做一番手脚，或做提要，或做说明，或做讨论自己重新组织过，申叙过，用自己的语言记述过，——那种智识思想方才可算是你自己的了。

我可以举一个例。你也会说"进化"，他也会谈"进化"，但你对于"进化"这个观念的见解未必是很正确的，未必是很清楚的，也许只是一种"道听途说"，也许只是一种时髦的口号。这种知识算不得知识，更算不得是"你的"知识。假使你听了我这句话，不服气，今晚回去就去遍翻各种书籍，仔细研究进化论的科学上的根据；假使你翻了几天书之后，发愤动手，把你研究所得写成一篇读书札记；假使你真动手写了这么一篇"我为什么相信进化论？"的札记，列举了：

（一）生物学上的证据，

（二）比较解剖学上的证据，

（三）比较胚胎学上的证据，

（四）地质学和古生物学上的证据，

（五）考古学上的证据，

（六）社会学和人类学上的证据。

到这个时候，你所有关于"进化论"的知识，经过了一番组织安排，经过了自己的去取叙述，这时候这些知识方才可算是你自己的了。所以我说，发表是吸收的利器；又可以说，手到是心到的法门。

至于动手标点，动手翻字典，动手查书，都是极要紧的读书秘诀，诸位千万不要轻轻放过。内中自己动手翻书一项尤为要紧。我记得前几年我曾劝顾颉刚先生标点姚际恒的《古今伪书考》。当初我知道他的生活困难，希望他标点一部书付印，卖几个钱。那部书是很薄的一本，我以为他一两个星期就可以标点完了。哪知顾先生一去半年，还不曾交卷。原来他于每条引的书，都去翻查原书，仔细校对，注明出处，注明原书卷第，注明删节之处。他动手半年之后，来对我说，《古今伪书考》不必付印了，他现在要编辑一部疑古的丛书，叫做"辨伪丛刊"。我很赞成他这个计划，让他去动手。他动手了一两年之后，更进步了，又超过那"辨伪丛刊"的计划了，他要自己创作了。他前年以来，对于中国古史，做了许多辨伪的文字；他眼前的成绩早已超过崔述了，更不要说姚际恒了。顾先生将来在中国史学界的贡献一定不可限量，但我们要知道他成功的最大原因是他的手到的工夫勤而且精。我们可以说，没有动手不勤快而能读书的，没有手不到而能成学者的。

第二要讲什么叫"博"。

什么书都要读，就是博。古人说："开卷有益"，我也主张这个意思，所以说读书第一要精，第二要博。我们主张"博"有两个意思：

第一，为预备参考资料计，不可不博。

第二，为做一个有用的人计，不可不博。

第一，为预备参考资料计。

在座的人，大多数是戴眼镜的。诸位为什么要戴眼镜？岂不是因为戴了眼镜，从前看不见的，现在看得见了；从前很小的，现在看得很大了；从前看不分明的，现在看得清楚分明了？王荆公说得最好：

> 世之不见全经久矣。读经而已，则不足以知经。故某自百家诸子之书，至于《难经》《素问》《本草》诸小说，无所不读；农夫女工，无所不问；然后于经为能知其大体而无疑。盖后世学者与先王之时异矣；不如是，不足以尽圣人故也。……致其知而后读，以有所去取，故异学不能乱也。惟其不能乱，故能有所去取者，所以明吾道而已。（答曾子固）

他说："致其知而后读。"又说："读经而已，则不足以知经。"即如《墨子》一书在一百年前，清朝的学者懂得此书还不多。到了近来，有人知道光学，几何学，力学，工程学……一看《墨子》，才知道其中有许多部分是必须用这些科学的知识方才能懂的。后来有人知道了伦理学、心理学……等，懂得《墨子》更多了。读别种书愈多，《墨子》愈懂得多。

所以我们也说，读一书而已则不足以知一书。多读书，然后可以专读一书。譬如读《诗经》，你若先读了北大出版的《歌谣周刊》，便觉得《诗经》好懂的多了；

你若先读过社会学，人类学，你懂更多了；你若先读过文字学，古音韵学，你懂得更多了；你若读过考古学，比较宗教学等，你懂得的更多了。

你要想读佛家唯识宗的书吗？最好多读点伦理学，心理学，比较宗教学，变态心理学。无论读什么书总要多配几副好眼镜。

你们记得达尔文研究生物进化的故事吗？达尔文研究生物演变的现状，前后凡三十多年，积了无数材料，想不出一个简单贯串的说明。有一天他无意中读马尔萨斯的人口论，忽然大悟生存竞争的原则，于是得着物竞天择的道理，遂成一部破天荒的名著，给后世思想界打开一个新纪元。

所以要博学者，只是要加添参考的材料，要使我们读书时容易得"暗示"；遇着疑难时，东一个暗示，西一个暗示，就不至于呆读死书了。这叫做"致其知而后读"。

第二，为做人计。

专工一技一艺的人，只知一样，除此之外，一无所知。这一类的人，影响于社会很少。好有一比，比一根旗竿，只是一根孤拐，孤单可怜。

又有些人广泛博览，而一无所专长，虽可以到处受一班贱人的欢迎，其实也是一种废物。这一类人，也好有一比，比一张很大的薄纸，禁不起风吹雨打。

在社会上，这两种人都是没有什么大影响，为个人计，也很少乐趣。

理想中的学者，既能博大，又能精深。精深的方面，是他的专门学问。博大的方面，是他的旁搜博览。博大要几乎无所不知，精深要几乎惟他独尊，无人能及。他用他的专门学问做中心，次及于直接相关的各种学问，次及于间接相关的各种学问，次及于不很相关的各种学问，以次及毫不相关的各种泛览。这样的学者，也有一比，比埃及的金字三角塔。那金字塔（据最近《东方杂志》，第二十二卷第六号，页一四七）高四百八十英尺，底边各边长七百六十四英尺。塔的最高度代表最精深的专门学问；从此点以次递减，代表那旁搜博览的各种相关或不相关的学问。塔底的面积代表博大的范围，精深的造诣，博大的同情心。这样的人，对社会是极有用的人才，对自己也能充分享受人生的趣味。宋儒程颢说的好：

须是大其心使开阔：譬如为九层之台，须大做脚始得。

博学正所以"大其心使开阔"。我曾把这番意思编成两句粗浅的口号，现在拿出来贡献给诸位朋友，作为读书的目标：

为学要如金字塔，
要能广大要能高。

十四，四，廿二夜改稿

　　青年会叫我在未离南方赴北方之前在这里谈谈，我很高兴，题目是"为什么读书"。现在读书运动大会开始，青年会拣定了三个演讲题目。我看第二个题目"怎样读书"很有兴味，第三个题目"读什么书"更有兴味，第一个题目无法讲，"为什么要读书"，连小孩子都知道，讲起来很难为情，而且也讲不好。所以我今天讲这个题目，不免要侵犯其余两个题目的范围，不过我仍旧要为其余两位演讲的人留一些余地。现在我就把这个题目来试一下看。我从前也有过一次关于读书的演讲，后来我把那篇演讲录略事修改，编入三集《文存》里面，那篇文章题目叫做《读书》，其内容性质较近于第二个题目，诸位可以拿来参考。今天我就来试试"为什么读书"这个题目。

　　从前，有一位大哲学家做了一篇《读书乐》，说到读书的好处，他说："书中自有千钟粟，书中自有黄金屋，书中自有颜如玉。"这意思就是说，读了书可以做大官，获厚禄，可以不至于住茅草房子，可以娶得年轻的漂亮太太（台下哄笑）。诸位听了笑起来，足见诸位对于这位哲学家所说的话不十分满意。现在我就讲所以要读书的别的原因。

为什么要读书？有三点可以讲：第一，因为书是过去已经知道的智识学问和经验的一种记录，我们读书便是要接受这人类的遗产；第二，为要读书而读书，读了书便可以多读书；第三，读书可以帮助我们解决困难，应付环境，并可获得思想材料的来源。我一踏进青年会的大门，就看见许多关于读书的标语。为什么读书？大概诸位看了这些标语就都已知道了，现在我就把以上三点更详细的说一说。

第一，因为书是代表人类老祖宗传给我们的智识的遗产，我们接受了这遗产，以此为基础，可以继续发扬光大，更在这基础之上，建立更高深更伟大的智识。人类之所以与别的动物不同，就是因为人有语言文字，可以把智识传给别人，又传至后人，再加以印刷术的发明，许多书报便印了出来。人的脑很大，与猴不同，人能造出语言，后来更进一步而有文字，又能刻木刻字；所以人最大的贡献就是过去的智识和经验，使后人可以节省很多脑力。非洲野蛮人在山野中遇见鹿，他们就画了一个人和一只鹿以代信，给后面的人叫他们勿追。但是把智识和经验遗给儿孙有什么用处呢？这是有用处的，因为这是前人很好的教训。现在学校里各种教科，如物理、化学、历史等等，都是根据几千年来进步的智识编纂成书的，一年、两年，或者三年，教完一科。自小学、中学，而至大学毕业，这十六年中所受的教育，都是代表我们老祖宗几千年来得来的智识学问和经验。所谓进化，就是叫人节省劳力，蜜蜂虽能筑巢，能发明，但传下来就只有这一点智识，没有继续去改革改良，以应付环境，没有做格外进一步的工作。人呢，达不到目的，就再去求进步，而以前人的智识学问和经验作参考。如果每样东西，要个个人从头学起，而不去利用过去的智识，那不是太麻烦吗？所以人有了这智识的遗产，就可以自己去成家立业，就可以缩短工作，使有余力做别的事。

第二点稍复杂，就是为读书而读书。读书不是那么容易的一件事情，不读书不能读书，要能读书才能多读书。好比戴了眼镜，小的可以放大，模糊的可以看得清楚，远的可以变为近，所以读书要戴眼镜。眼镜越好，读书的了解力也越大。王安石对曾子固说过："读经而已，则不足以知经，"所以他对于本草、内经、小说，无所不读，这样对于经才可以明白一些。王安石说："致其知而后读。"

请你们注意，他不说读书以致知，却说，先致知而后读书。读书固然可以扩充知识；但知识越扩充了，读书的能力也越大。这便是"为读书而读书"的意义。

试举《诗经》作一个例子。从前的学者把《诗经》看作"美""刺"的圣书，越讲越不通。现在的人也应该多预备几副好眼镜，人类学的眼镜、考古学的眼镜、文法学的眼镜。眼镜越多，越精越好。例如"野有死麕，白茅包之，有女怀春，吉士诱之"，我们若知道比较民俗学，便可以知道打了野兽送到女子家里去求婚，是平常的事。又如"钟鼓乐之，琴瑟友之"，也不必说什么文王太姒，只可看作少年男子在女子的门口或窗下奏乐唱和，这也是很平常的事。再从文法方面来观察，像《诗经》里"之子于归"、"黄鸟于飞"、"凤凰于飞"的"于"字；此外，《诗经》里又有几百个"维"字，还有许多"助词"、"语词"，这些都是有作用无意义的虚字，但以前的人却从未注意及此。这些字若不明白，《诗经》便不能懂。再说在《墨子》一书里，有点光学、力学；又有点经济学。但你要懂得光学，才能懂得墨子所说的光；你要懂得各种智识，才能懂得《墨子》里一些最难懂的文句。总之，读书是为了要读书，多读书更可以读书。最大的毛病就在怕读书，怕读难书。越难读的书我们越要征服它们，把它们作为我们的奴隶或向导，我们才能够打倒难书，这才是我们的"读书乐"。若是我们有了基本的科学知识，那末，我们在读书时便能左右逢源。我再说一遍，读书的目的在于读书，要读书越多才可以读书越多。

第三点，读书可以帮助解决困难，应付环境，供给思想材料。知识是思想材料的来源。思想可分作五步。思想的起源是大的疑问。吃饭拉屎不用想，但逢着三叉路口，十字街头那样的环境，就发生困难了。走东或走西，这样做或是那样做，有了困难，才有思想。第二步要把问题弄清，究竟困难在哪一点上。第三步才想到如何解决，这一步，俗话叫做出主意。但主意太多，都采用也不行，必须要挑选。但主意太少，或者竟全无主意，那就更没有办法了。第四步就是要选择一个假定的解决方法。要想到这一个方法能不能解决。若不能，那末，就换一个；若能，就行了。这好比开锁，这一个钥匙开不开，就换一个；假定是可以开的，那末，问题就解决了。第五步就是证实。凡是有条理的思想都要经过这步，或是逃不了这五个阶段。科学家要解决问题，侦探要侦探案件，多经过这五步。

这五步之中，第三步是最重要的关键。问题当前，全靠有主意（Ideas）。主意从哪里来呢？从学问经验中来。没有智识的人，见了问题，两眼白瞪瞪，抓耳挠腮，一个主意都不来。学问丰富的人，见着困难问题，东一个主意，西一个主意，挤上来，涌上来，请求你录用。读书是过去智识学问经验的记录，而智识学问经验就是要用在这时候，所谓养军千日，用在一朝。否则，学问一些都没有，遇到困难就要糊涂起来。例如达尔文把生物变迁现象研究了几十年，却想不出一个原则去整统他的材料。后来无意中看到马尔萨斯的《人口论》，说人口是按照几何学级数一倍一倍的增加，粮食是按照数学级数增加，达尔文研究了这个原则，忽然触机，就把这个原则应用到生物学上去，创了物竞天择的学说。读了经济学的书，可以得着一个解决生物学上的困难问题，这便是读书的功用。古人说："开卷有益，"正是此意。读书不是单为文凭功名，只因为书中可以供给学问知识，可以帮助我们解决困难，可以帮助我们思想。又譬如从前的人以为地球是世界的中心，后来天文学家科白尼却主张太阳是世界的中心，绕着地球而行。据罗素说，科白尼所以这样的解说，是因为希腊人已经讲过这句话；假使希腊没有这句话，恐怕更不容易有人敢说这句话吧。这也是读书的好处。有一家书店印了一部旧小说叫做《醒世姻缘》，要我作序。这部书是西周生所著的，印好后在我家藏了六年，我还不曾考出西周生是谁。这部小说讲到婚姻问题，其内容是这样：有个好老婆，不知何故，后来忽然变坏，作者没有提及解决方法，也没有想到可以离婚，只说是前世作孽，因为在前世男虐待女，女就投生换样子，压迫者变为被压迫者。这种前世作孽，起先相爱，后来忽变的故事，我仿佛什么地方看见过。后来在《聊斋》一书中见到一篇和这相类似的笔记，也是说到一个女子，起先怎样爱着她的丈夫，后来怎样变为凶太太，便想到这部小说大约是蒲留仙或是蒲留仙的朋友做的。去年我看到一本杂记，也说是蒲留仙做的，不过没有证据。今年我在北京，才找到了证据。这一件事可以解释刚才我所说的第二点，就是读书可以帮助读书，同时也可以解释第三点，就是读书可以供给出主意的来源。当初若是没有主意，到了逢着困难时便要手足无措，所以读书可以解决问题，就是军事、政治、财政、思想等问题，也都可以解决，这就是读书的用处。

我有一位朋友，有一次傍着洋灯看小说，洋灯装有油，但是不亮，因为灯芯短了。于是他想到《伊索寓言》里有一篇故事，说是一只老鸦要喝瓶中的水，因为瓶太小，得不到水，它就衔石投瓶中，水乃上来。这位朋友是懂得化学的，加水于灯中恐怕不亮，于是投以铜元，油乃碰到灯芯。这是看《伊索寓言》给他看小说的帮助。读书好像用兵，养兵求其能用，否则即使坐拥十万二十万的大兵也没有用处，难道只好等他们"兵变"吗?

至于"读什么书"，下次陈钟凡先生要讲演，今天我也附带的讲一讲。我从五岁起到了四十岁，读了三十五年的书。我可以很诚恳的说，中国旧籍是经不起读的。中国有五千年的文化，"四部"的书已是汗牛充栋。究竟有几部书应该读，我也曾经想过。其中有条理有系统的精心结构之作，二千五百年以来恐怕只有半打。"集"是杂货店，"史"和"子"还是杂货店。至于"经"，也只是杂货店，讲到内容，可以说没有一些东西可以给我们改进道德增进智识的帮助的。中国书不够读，我们要另开生路，辟殖民地，这条生路，就是每一个少年人必须至少要精通一种外国文字。读外国语要读到有乐而无苦，能做到这地步，书中便有无穷乐趣。希望大家不要怕读书，起初的确要查阅字典，但假使能下一年苦功，继续不断做去，那末，在一二年中定可开辟一个乐园，还只怕求知的欲望太大，来不及读呢。我总算是老大哥，今天我就根据我过去三十五年读书的经验，给你们这一个临别的忠告。

主席、诸位先生：

我不是藏书家，只不过是一个爱读书，能够用书的书生，自己买书的时候，总是先买工具书，然后才买本行书，换一行时，就得另外买一种书。今年我六十九岁了，还不知道自己的本行到底是哪一门？是中国哲学呢？还是中国思想史？抑或是中国文学史？或者是中国小说史？《水经注》？中国佛教思想史？中国禅宗史？我所说的"本行"，其实就是我的兴趣，兴趣愈多就愈不能不收书了。十一年前我离开北平时，已经有一百箱的书，大约有一二万册。离开北平以前的几小时，我曾经暗想着：我不是藏书家，但却是用书家。收集了这么多的书，舍弃了太可惜，带吧，因为坐飞机又带不了。结果只带了一些笔记，并且在那一二万册书中，挑选了一部书，作为对一二万册书的纪念，这一部书就是残本的《红楼梦》。四本只有十六回，这四本《红楼梦》可以说是世界上最老的抄本。收集了几十年的书，到末了只带了四本，等于当兵缴了械，我也变成一个没有棍子、没有猴子的变把戏的叫化子。

这十一年来，又蒙朋友送了我很多书，加上历年来自己新买的书，又把我现在住的地方堆满了，但是这都是些不相干的书，自己本行的书一本也没有。找资料还需要依靠中研院史语所的图书馆和别的图书馆，如台湾大学图书馆、"中央"图书馆等救急。

找书有甘苦，真伪费推敲

我这个用书的旧书生，一生找书的快乐固然有，但是，找不到书的苦处也尝到过。民国九年（一九二〇）七月，我开始写《水浒传考证》的时候，参考的材料只有金圣叹的七十一回本《水浒传》、《征四寇》及《水浒后传》等，至于《水浒传》的一百回本、一百一十回本、一百一十五回本、一百廿回本、一百廿四回本，还都没有看到。等我的《水浒传考证》问世的时候，日本才发现《水浒》的一百一十五回本及一百回本、一百一十回本及一百廿回本。同时我自己也找到了一百一十五回本及一百廿四回本。做考据工作，没有书是很可怜的。考证《红楼梦》的时候，大家知道的材料很多，普通所看到的《红楼梦》都是一百廿回本。这种一百廿回本并非真的《红楼梦》。曹雪芹四十多岁死去时，　只写到八十回，后来由程伟元、高鹗合作，一个出钱，一个出力，完成了后四十回。乾隆五十六年的活字版排出了一百廿回的初版本，书前有程、高二人的序文说：

> 世人都想看到《红楼梦》的全本，前八十回中黛玉未死，宝玉未娶，大家极想知道这本书的结局如何？但却无人找到全的《红楼梦》。近因程、高二人在一卖糖摊子上发现有一大卷旧书，细看之下，竟是世人遍寻无着的《红楼梦》后四十回，因此特加校订，与前八十回一并刊出。

可是天下这样巧的事很少，所以我猜想《序文》中的说法不可靠。

考证《红楼梦》，清查曹雪芹

三十年前我考证《红楼梦》时，曾经提出两个问题，这是研究红学的人值得研究的：一、《红楼梦》的作者是谁？作者是怎样一个人？他的家世如何？家世传记有没有可考的资料？曹雪芹所写的那些繁华世界是有根据的吗？还是关着门自己胡诌乱说？二、《红楼梦》的版本问题，是八十回？还是一百廿回？后四十回是哪里来的？那时候有七八种《红楼梦》的考证，俞平伯、顾颉刚都帮我找过材料。最初发现乾隆五十七年（一七九二）有程伟元《序》的乙本，其中并有高鹗的《序文》及引言七条，以后发现早一年出版的甲本，证明后四十回是高鹗所续，而由程伟元出钱活字刊印。又从其他许多材料里知道曹雪芹家为江南的织造世职，专为皇室纺织绸缎，供给宫内帝后、妃嫔及太子、王孙等穿戴，或者供皇帝赏赐臣下，后来在清理故宫时，从康熙皇帝一秘密抽屉内发现若干文件，知道曹雪芹的祖父曹寅，等于皇帝派出的特务，负责察看民心年成，或是退休丞相的动态，由此可知曹家为阔绰大户。《红楼梦》中有一段说到王熙凤和李嬷嬷谈皇帝南巡，下榻贾家，可知是真的事实。以后我又经河南的一位张先生指点，找到杨钟羲的《雪桥诗话》及《八旗经文》，以及有关爱新觉罗宗室敦诚、敦敏的记载，知道曹雪芹名霑，号雪芹，是曹寅的孙子，接着又找到了《八旗人诗钞》、《熙朝雅颂集》，找到敦诚、敦敏兄弟赠送曹雪芹的诗，又找到敦诚的《四松堂集》，是一本清钞未删底本，其中有挽曹雪芹的诗，内有"四十年华付杳冥"句，下款年月日为甲申（即乾隆甲申廿九年，西历一七六四年）。从这里可以知道曹雪芹去世的年代，他的年龄为四十岁左右。

险失好材料，再评《石头记》

民国十六年我从欧美返国，住在上海，有人写信告诉我，要卖一本《脂砚斋评石头记》给我，那时我以为自己的资料已经很多，未加理会。不久以后和徐志摩在上海办新月书店，那人又将书送来给我看，原来是甲戌年手抄再评本，虽然只有十六回，但却包括了很多重要史料。里面有"壬午除夕，书未成，芹为泪尽而逝。甲午八月泪笔"的句子，指出曹雪芹逝于乾隆廿七年冬，即西历一七六三年二月十二日。"字字看来皆是血，十年辛苦不寻常"诗句，充分描绘出曹雪芹写《红楼梦》时的情态。脂砚斋则可能是曹雪芹的太太或朋友。自从民国十七年二月我发表了《考证〈红楼梦〉的新材料》之后，大家才注意到《脂砚斋评本石头记》。不过，我后来又在民国廿二年从徐星署先生处借来一部庚辰秋定本脂砚斋四阅评过的《石头记》，是乾隆廿五年本，八十回，其中缺六十四、六十七两回。

谈《儒林外史》，推赞吴敬梓

现在再谈谈我对《儒林外史》的考证：《儒林外史》是部骂当时教育制度的书，批评政治制度中的科举制度。我起初发现的只有吴敬梓的《文木山房集》中的赋一卷（四篇），诗二卷（一三一首），词一卷（四七首），拿这当做材料。但是在一百年前，我国的大诗人金和，他在跋《儒林外史》时，说他收有《文木山房集》，有文五卷。可是一般人都说《文木山房集》没有刻本，我不相信，便托人在北京的书店找，找了几年都没有结果，到了民国七年才在带经堂书店找到。我用这本集子参考安徽《全椒县志》，写成一本一万八千字的《吴敬梓年谱》，中国小说传记资料，没有一个能比这更多的，民国十四年我把这本书排印问世。

如果拿曹雪芹和吴敬梓二人作一个比较，我觉得曹雪芹的思想很平凡，而吴敬梓的思想则是超过当时的时代，有着强烈的反抗意识。吴敬梓在《儒林外史》里，严刻地批评教育制度，而且有他的较科学化的观念。

……①

---

① 此处有删节。

最后，根据我个人几十年来找书的经验，发现我们过去的藏书的范围是偏狭的，过去收书的目标集中于收藏古董，小说之类决不在藏书之列。但我们必须了解了解，真正收书的态度，是要无所不收的。

载于《学生杂志》第十三卷第一期

思想的方法

一九二五年十月二十八日在上海光华大学的演讲

　　一个人的思想，差不多是防身的武器，可以批评什么主义，可以避免一切纷扰。我们人总以为思想只有知识阶级才有，可是这是不尽然的；有的时候，思想不但普通人没有，就是学者也没有。普通人每天做事、吃饭、洗脸、漱口……都是照着习惯做去，没有思想的必要，所以不能称为有思想；就是关着窗子，闭着门户，一阵子的胡思乱想，也绝对不是思想的本义。原来思想是有条理，有系统，有方法的。

　　我们遇着日常习惯的事，总是马马虎虎的过去；及至有一个异于平常的困难发生，才用思想去考虑和解决。譬如学生每天从宿舍到课堂，必须经过三叉路和电车站，再走过二行绿荫荫的柳树，和四层楼的红房子，然后才至课堂。这在每天来往的学生，是极平常而不注意的事；但要是一个新考进来的学生，当他到了三叉路口的辰光，一定有一个问题发生：就是在这三条路中，究竟打哪一条路走能到目的地？那个时候，要解决这个困难，思想便发生了。

　　要管理我们的思想，照心理学上讲，须要用五种步骤：

一、困难的发生。人必遇有歧路的环境或疑难问题的时候，才有思想发生。倘无困难，决不会发生思想。

二、指定困难的所在。有的困难是很容易解决的，那就没有讨论和指定困难的所在的必要。要是像医生的看病，那就有关人命了。我们遇着一个人生病的时光，往往自己说不出病之所在；及至请了医生来，他诊了脉搏，验了小便，就完了事；后来吃了几瓶药水，就能够恢复原状。他所以能够解决困难，和我们所以不能解决困难的不同点，就在能否指定和认清困难之所在罢了。

三、假设解决困难的方法。这就是所谓出主意了，像三叉路口的困难者，他有了主意，必定向电车站杨柳树那边跑。这种假说的由来，多赖平日的知识与经验。语云："养兵千日，用在一朝。"我们求学亦复如此。这一步实是最重要的一步。要是在没有思想的人，他在脑袋中，东也找不到，西也找不到，虽是他在平常能够把书本子倒背出来；可是没有观察的经验，和考虑的能力，一辈子的胡思乱想，终是不能解决困难的啊。

但是也有人，因为学识太足了，经验太富了，到困难来临的时候，脑海中同时生了许多不同的解决方法；有的时候，把对的主意，给个人的感情和嗜好压了下去，把不对的主意，反而实行了。及后铸成大错，追悔莫及。所以思想多了，一定还要用精密谨慎的方法，去选定一个最好的主意。

四、判断和选定假设之结果。假若我脑海中有了三种主意：第一主意的结果是 A，B，C，D，第二主意的结果是 E，F，G，第三主意的结果是 H，I；那个时候，就要考虑他三个结果的价值和利害；然后把其中最容易而准确的结果设法证明。

还有我们做事，往往用主观的态度，而不用客观的态度；这就是我们常说的："某人说话，不负责任"的解释了。

此次"五卅惨案"，也有许多激烈的青年，主张和英国宣战，他们没有想到战争时，和战争后，政治上、商业上、交通上、经济上、军事上的一切设备和结果。他们只知唱高调，不负责任的胡闹，只被成见和一时感情的冲动所驱使，没有想到某种条件有某种结果，和某种结果有没有解决某种条件的可能。

五、证实结果。既已择定一个解决困难的方法，再要实地实验，看他实效的如何以定是非价值。遇有事实不易在自然界发生的，则用人造成某种条件以试验之。例如欲知水是否为氢氧二原素所构成，此事在自然界不易发生，于是以人力合二原质于一处，加以热力，考察是否能成水。更以水分析之，看能否成氢氧二原素，即从效果上来证实水的成分。

从前我的父亲有一次到满洲去勘界。一天到了一个大森林，走了多天，竟迷了路；那个时候干粮也吃完了，马也疲乏了，在无可如何的时光，他爬上山顶，登高一望，只见翠绿的树叶，弥漫连续，他用来福枪放起来，再把枯树焦叶烧起来，可是等了半天，连救援人的踪影也找不到。他便着急起来了。隔一会儿，他想起从前古书里有一句话，叫做"水必出山"。他便选定了这个办法，找到了河，遵了河道，走了一日夜，竟达到了目的地。

又有一例。禅宗中有一位烧饭的，去问他的大法师道："佛法是什么？"那大法师算了半天，才回答道："上海的棉花，二个铜子一斤。"烧饭的便说道："我问你的是佛法，你答我的是棉花，这真是牛头不对马面了。"隔了三年，他到了杭州的灵隐寺去做烧饭，他又乘便问那个主持的和尚道："佛法是什么？"那主持和尚道："杭州的棉花，也是二个铜子一斤。"他更莫名其妙；于是便跑到普陀山，峨眉山……途中饱尝了饥渴盗匪之苦，问了许多和尚法师，竟没有得到一个圆满的解决。有一天，他到一个破庙房，碰到一个老年的女丐，口中咿唔的在自语着，他在不知不解间，听得一句不相干的话，忽然间竟觉悟了世界上怎样的困难，他也就明白了"佛法是什么"。他在几十年中所怀的闷葫芦，一旦竟明白了，不是偶然的。这就是孟子所说"资之深，则取之左右逢其源"，只要把自己的思想运用，把自己的脑筋锻炼，那么，什么东西都可以迎刃而解了！

在宋朝有一个和尚，名叫法贤，人家称他做五祖大师，他最喜欢讲笑话。他讲：从前有一个贼少爷，问贼老爷道："我的年纪也大了，也不能天天玩耍了，爹爹也可以教我一点立身之道吗？"那贼老爷并不回答他，到了晚上，导他到一座高大的屋宇，进了门，便把自己身边的钥匙，开了一个很大的衣橱，让他的儿子进去，待到贼少爷跨进衣橱，贼老爷把橱门啪的关上，并且锁着；自己连喊"捉贼，捉贼"的逃走了。那时候，贼少爷在衣橱里是急极了，他想，我的爹爹叫我来偷东西，那么他为什么把我锁在里边，岂不是叫他们活剥剥的把我捉住，送我到牢狱里去，尝铁窗骚味吗？可是他既而一想，"怎么样我可以出去？"便用嘴作老鼠咬衣服的声音，孜孜一阵乱叫，居然有人给他开门了，他便乘着这个机会，把开门的人打倒，把蜡烛吹灭，等到仆人们来追赶他，他早已一溜烟的跑回家了。他看见父亲之后，第一声便问道："你为什么把我关在橱里呢？"那贼老爷道："我先要问你，你是怎么样出来的？"他便把实情一五一十的讲给贼老爷听，他听了之后，眉开眼笑的说道："你也干得了！"要是这位贼老爷，在困难发生的时候，不用思想，他早已大声喊道："爹爹啊！不要关门啊"了。

我们读书不当死读，要讲合用；在书本之外，尤其要锻炼脑力，运用思想，和我的父亲，禅宗中的烧饭者和贼少爷一般无二。他们是能用有条理有系统有方法的思想，去解决他们的困难的。

我记得前几天有一个日本新闻记者问我："现在中国青年的思想是什么？"我便很爽快的答道："中国的青年，是没有思想的。"这一句话，我觉得有一点武断，并且很对不起我国的青年，可是我也有不得已的苦衷。当我在北京大学教伦理学的时光，我出了三个问题：

（一）照你自己经验上讲，有何可称为思想的事实？

（二）在福尔摩斯的侦探案中，用科学方法分析出来有何可称为思想的事实？

（三）在科学发明史上，有何可称为思想的事实？

到了后来，第二第三都能回答得很对，第一问题简直回答的不满十分之二，而他们所回答的，完全是答非所问。这便因为他们平时不注意于运用思想的缘故。

十四，十，二十八日，于光华大学

科学的人生观

一九二八年五月演讲于苏州青年会

今天讲的题目，就是"科学的人生观"，研究人是什么东西？在宇宙中占据什么地位？人生究竟有何意味？因为少年人近来觉得很烦闷，自杀、颓废的都有，我比较至少多吃了几斤盐，几担米，所以来计划计划，研究自身人的问题。至于人生观，各人不同，都随环境而必变，不可以一个人的人生观去统理一切；因为公有公理，婆有婆理；我们至少要以科学的立场，去研究它，解决它。"科学的人生观"有两个意思：第一拿科学做人生观的基础；第二拿科学的态度、精神、方法，做我们生活的态度，生活的方法。

现在先讲第一点，就是人生是什么？人生是啥物事？拿科学的研究结果来讲，我在民国十二年发表了十条，这十条就是武昌有一个主教，称为新的十诫，说我是中华基督教的危险物的。十条内容如下：

一、要知道空间的大。拿天文、物理考察，得着宇宙之大；从前孙行者翻筋斗，一翻翻到南天门，一翻翻到下界，天的观念，何等的小？现在从地球到银河中间的最近的一个星，中间距离，照孙行者一秒钟翻十万八千里的速率计算，恐怕翻一万万年也翻不到，宇宙是何等的大？地球是宇宙间的沧海之一粟，九牛之一毛；我们人类，更是小，真是不成东西的东西！以前看得人的地位太重了，以为是万物之灵，同大地并行，凡是政治不良，就有彗星、地震的征象，这是错的。从前王充很能见得到，说：“一个虱子不能改变那裤子里的空气，和那人类不能改变皇天一样。”所以我们眼光要大。

二、时间是无穷的长。从地质学、生物学的研究，晓得时间是无穷的长，以前开口五千年，闭口五千年，以为日空一切；不料世界太阳系的存在，有几万万年的历史，地球也有几万万年，生物至少有几千万年，人类也有二三百万年，所以五千年占很小的地位。明白了时间之长，就可以看见各种进步的演变，不是上帝一刻可以造成的。

三、宇宙间自然的行动。根据了一切科学，知道宇宙、万物都有一定不变的自然行动。“自然自己，也是如此”，就是自己自然如此，各物自己如此的行动，并没有一种背后的指示，或是一个主宰去规范他们。明白了这点，对于月蚀是月亮被天狗所吞的种种迷信，可以打破了。

四、物竞天择的原理。从生物学的知识，可以看到物竞天择的原理，鲫鱼下卵有几百万个，但是变鱼的只有几个；否则就要变成“鱼世界”了！大的吃小的，小的又吃更小的，人类都是如此。从此晓得人生不受安排，是自己如此的行动；否则要安排起来，为什么不安排一个完善的世界呢？

五、人是什么东西。从社会学、生理学、心理学方面去看，人是什么东西？吴稚晖先生说：“人是两手一个大脑的动物，与其他的不同，只在程度上的区别罢了。”人类的手，与鸡、鸭的掌差不多，实是他们的弟兄辈。

六、人类是演进的。根据了人种学来看，人类是演进的；因为要应付环境，所以要慢慢的变；不变不能生存，要灭亡了。所以从下等的动物，慢慢演进到高等的动物，现在还是演进。

七、心理受因果律的支配。根据了心理学、生物学来讲，心理现状是有因果律的。思想、做梦，都受因果律的支配，是心理、生理的现象，和头痛一般；所以人的心理说是超过一切，是不对的。

八、道德、礼教的变迁。照生理学、社会学来讲，人类道德、礼教也变迁的。以前以为脚小是美观，但是现在脚小要装大了。所以道德、礼教的观念，正在改进。以二十年、二百年或二千年以前的标准，来判断二十年、二百年、二千年后的状况，是格格不相入的。

九、各物都有反应。照物理、化学来讲，物质是活的，原子分为电子，是动的。石头倘然加了化学品，就有反应，像人打了一记，就有反应一样。不同的，只在程度不同罢了。

十、人的不朽。根据一切科学智识，人是要死的，物质上的腐败，和猫死狗死一般。但是个人不朽的工作，是功德：在立德，立功，立言。善恶都是不朽。一块痰中，有微生物，这菌能散布到空间，使空气都恶化了；人的言语，也是一样。凡是功业、思想，都能传之无穷；匹夫匹妇，都有其不朽的存在。

我们要看破人世间，时间之伟大，历史的无穷，人是最小的动物，处处都在演进，要去掉那小我的主张，但是那小小的人类，居然现在对于制度、政治各种都有进步。

以前都是拿科学去答复一切，现在要用什么方法去解决人生，就是哪样生活？各人有各人的方法，但是，至少要有那科学的方法、精神、态度去做。分四点来讲：

一、怀疑。第一点是怀疑。三个弗相信的态度，人生问题就很多。有了怀疑的态度，就不会上当。以前我们幼时的知识，都从阿金、阿狗、阿毛等黄包车夫、娘姨处学来；但是现在自己要反省，问问以前的知识是否靠得住？有此态度，对于什么马克思，牛克思等主义都不致盲从了。

二、事实。我们要实事求是，现在像贴贴标语，什么打倒田中义一等，都仅务虚名，像豆腐店里生意不好，看看"对我生财"泄闷一样。又像是以前的画符，一画符病就好的思想。贴了打倒帝国主义，帝国主义就真个打倒了么？这不对，我们应做切实的工作，奋力的做去。

三、证据。怀疑以后，相信总要相信，但是相信的条件，就是拿凭据来，有了这一句，伦理学诸书，都可以不读，赫胥黎的儿子死了以后，宗教家去劝他信教，但是他很坚决的说，"拿有上帝的证据来！"有了这种态度，就不会上当。

四、真理。朝夕的去求真理，不一定要成功，因为真理无穷，宇宙无穷；我们去寻求，是尽一点责任，希望在总分上，加上万万分之一，胜固是可喜，败也不足忧。明知赛跑，只有一个人第一，我们还要跑去，不是为我为私，是为大家。发明不是为发财，是为人类。英国有一个医生，发明了一种治肺的药。但是因为自秘，就被医学会开除了。

所以科学家是为求真理。庄子虽有"吾生也有涯，而知也无涯，以有涯逐无涯，殆已"的话头，但是我们还要向上做去，得一分就是一分，一寸就是一寸，可以有亚基米特氏发现浮力时叫 Eureka 的快活。有了这种精神，做人就不会失望。所以人生的意味，全靠你自己的工作；你要它圆就圆，方就方，是有意味；因为真理无穷，趣味无穷，进步快活也无穷尽。

今天承各位青年朋友如此热烈欢迎，深感荣幸。本人于四年前曾来台中，当时所听到有关于东大者，仅仅是一个董事会，甚至连校名也未曾确定；四年后的今天，东大不仅是开学了，而且有这么好的建筑，这么幽静的环境，最高班也已至三年级了。这种迅速的进度，实在令人敬佩，我愿意借今天的机会向各位道喜！

我在美国时，曾看过贝聿铭先生的建筑设计，今天在此地又看到东大的校舍，诸位能在这么一个美丽的建筑、安静的环境中，安居乐业，专心研究，实在是够幸运了！昨天我在北沟看到许多名贵的古籍和历代的艺术作品，就联想到贵校的地理优势，假如诸位每周都能有机会看看故宫文物和中央图书馆的藏书，真是太理想了，因为这两个宝库中所收藏的，全是我国的精华，不仅是国宝，即在全世界，也占着最崇高的价值。

我现在已决定回美后，于本年秋间，和内子带一些破烂的书籍一同回来，那时希望有更多的时间，一方面研究，一方面可以多来东大看看，多作几次有关学术的讲演。

……①

　　说到这里，我们应该想想今天我们的国家在世界上，又占着一个怎样的地位！这当然有很多的原因，但其中一点我们不能否认，也必须了解的，就是有关于公私立大学校的延续问题，我国可考的历史固然已有四千年，但一直到今天还没有一个有过六十年以上历史的大学。我国第一个大学，就是汉武帝时，由公孙弘为相，发起组织，招收学生所设计的太学。这所太学，就是今日国立大学的起源，不过在设立之初只有五个教授，五十个学生，也就是所谓的五经博士。至纪元后一百多年，王莽篡汉时，这个太学不仅建筑扩大了，而且学生人数，也达到了一万人，光武中兴时的许多政坛人物，多是出身自这所太学。到第二世纪，这所太学的学生已发展到三万多人，比当今之哈佛、哥伦比亚等，毫无逊色。最可惜的，是当时政治腐败达于极点，因此许多的太学生，就开始批评政治，进而干预，结果演成党锢之祸，使太学蒙受影响。其后各代虽也有太学，但没有多大作用，到最后太学生可以用钱捐买，因此就不成为太学了。此外汉代也有私人讲学，其学生多少不等，有的三五百，有的二三千，这可以说是私立大学的起源，如郑玄所创者，即是一个很好的例子。

　　自纪元二百年郑玄逝世，至一千二百年朱熹逝世，在这一千年中，中国的学术多靠私人讲学传授阐扬，不过因政治问题，常受到压迫，虽然环境如此，但私人讲学并没有因此而中缀，而且仍旧成为传播学术的重要基础，如历代的书院，与学派的盛行，都是实例。

　　中国的高等教育虽然发达得很早，但是不能延续，没有一个历史悠久的学校，比起欧美来，就显然落后了。即使新兴的国家如菲律宾，也有三百多年历史的圣多玛大学。美国的历史只有一百六十余年，而美国的大学如哈佛、哥伦比亚等，都有二三百年的历史。至于欧洲，尤其古老，如意大利就有一千年和

---

① 此处有删节。

九百多年历史的大学，英国的牛津和剑桥历史也达到八九百年，有几百年历史的大学，在德、法等国也为数不少。为什么历史不及我们的国家，会有那么长远历史的大学，而我国反而没有呢？因为人家的大学有独立的财团，独立的学风，有坚强的组织，有优良的图书保管，再加上教授可以独立自由继续的研究，和坚强的校友会组织，所以就能历代相传，悠久勿替；而我们的国家多少年来都没有一个学校能长期继续，实在是很吃亏的。

这几十年来，教会在中国设立了很多优良的大学和中学，它们对于近代的学术实在有很多的贡献和影响，可惜现在又都没有了，因此这些光荣的传统，就不得不再落于诸位的身上。中国的私立学校是否在将来世界的学术上占一席地，其在世界的高等教育中又若何，可以说都是诸位的责任。我以为私立学校有其优点，它比较自由，更少限制。所以我希望东海能有一个好榜样，把握着自由独立的传统，以为其他各校的规模，因为只有在自由独立的原则下，才能有高价值的创造，这也就是我今天所希望于诸位的。

大学的生活

一九五八年六月演讲于台湾大学法学院

校长、主席、各位同学：

我刚才听见主席说今天大家都非常愉快和兴奋，我想大家一定会提出抗议的，在这大热的天气，要大家挤在一起受罪，我的内心感到实在不安，我首先要向各位致百分之百的道歉。回来后一直没有做公开演讲，有许多团体来邀请，我都谢绝了，因为每次演讲房子总是不够用。以前在三军球场有过一次演说，我也总以为房子是没问题了，但房子仍是不够。今天要请各位原谅，实在不是我的罪过，台大代联会邀请了几次，我只好勉强地答应下来。

前几天我就想究竟要讲些什么？我问了钱校长和好几位朋友，他们都很客气，不给我出题，就是主席也不给我出题。今天既是台大代联会邀请，那么，我想谈谈大学生的生活，把我个人的或者几位朋友的经验，贡献给大家，也许可作各位同学的借镜，给各位一点暗示的作用。

记得在一九四九年应傅斯年校长之请，在中山堂作一次公开演讲。我也总以为房子够用了，谁知又把玻璃窗弄破了不少。从一九四九年到今天已有八九年的工夫了，这九年来，看到台大的进步和发展，不仅在学生人数方面已增加到七千多，设备、人才和科学方面也进步很多，尤其是医农两学院的进步，更得来参观过的教育家很大的赞誉。这是我要向校长、各位同学道贺的。

不过，我又听见许多朋友讲，目前很多学生选择科系时，从师长的眼光看，都不免带有短见，倾向于功利主义方面。天才比较高的都跑到医工科去，而且只走入实用方面，而又不选择基本学科。譬如学医的，内科、外科、产科、妇科，有很多人选，而基本学科譬如生物化学、病理学，很少青年人去选读，这使我感到今日的青年不免短视，戴着近视眼镜去看自己的前途与将来。我今天头一项要讲的，就是根据我们老一辈的对选科系的经验，贡献给各位。我讲一段故事。

记得四十八年前，我考取了官费出洋，我的哥哥特地从东三省赶到上海为我送行，临行时对我说，我们的家早已破坏中落了，你出国要学些有用之学，帮助复兴家业，重振门楣，他要我学开矿或造铁路，因为这是比较容易找到工作的，千万不要学些没用的文学、哲学之类没饭吃的东西。我说好的，船就要开了。那时和我一起去美国的留学生共有七十人，分别进入各大学。在船上我就想，开矿没兴趣，造铁路也不感兴趣，于是只好采取调和折中的办法，要学有用之学，当时康奈尔大学有全美国最好的农学院，于是就决定进去学科学的农学，也许对国家社会有点贡献吧！那时进康大的原因有二：一是康大有当时最好的农学院，且不收学费，而每个月又可获得八十元的津贴；我刚才说过，我家破了产，母亲待养，那时我还没结婚，一切从俭，所以可将部分的钱拿回养家。另一是我国有百分之八十的人是农民，将来学会了科学的农业，也许可以有益于国家。

入校后头一星期就突然接到农场实习部的信，叫我去报到。那时教授便问我："你有什么农场经验？"我答："没有。""难道一点都没有吗？""要有嘛，我的外公和外婆，都是道地的农夫。"教授说："这与你不相干。"我又说："就是因为没有，才要来学呀！"后来他又问："你洗过马没有？"我说："没有。"

我就告诉他中国人种田是不用马的。于是老师就先教我洗马，他洗一面，我洗另一面。他又问我会套车吗，我说也不会。于是他又教我套车，老师套一边，我套一边，套好跳上去，兜一圈子。接着就到农场做选种的实习工作，手起了泡，但仍继续的忍耐下去。农复会的沈宗瀚先生写一本《克难苦学记》，要我和他作一篇序，我也就替他作一篇很长的序。我们那时学农的人很多，但只有沈宗瀚先生赤过脚下过田，是唯一确实有农场经验的人。学了一年，成绩还不错，功课都在八十五分以上。第二年我就可以多选两个学分，于是我就选种果学，即种苹果学。分上午讲课与下午实习。上课倒没有什么，还甚感兴趣；下午实习，走入实习室，桌上有各色各样的苹果三十个，颜色有红的、有黄的、有青的……形状有圆的、有长的、有椭圆的、有四方的……。要照着一本手册上的标准，去定每一苹果的学名，蒂有多长？花是什么颜色？肉是甜是酸？是软是硬？弄了两个小时。弄了半个小时一个都弄不了，满头大汗，真是冬天出大汗。抬头一看，呀！不对头，那些美国同学都做完跑光了，把苹果拿回去吃了。他们不需剖开，因为他们比较熟习，查查册子后面的普通名词就可以定学名，在他们是很简单。我只弄了一半，一半又是错的。回去就自己问自己学这个有什么用？要是靠当时的活力与记性，用上一个晚上来强记，四百多个名字都可以记下来应付考试。但试想有什么用呢？那些苹果在我国烟台也没有，青岛也没有，安徽也没有……我认为科学的农学无用了，于是决定改行，那时正是民国元年，国内正在革命的时候，也许学别的东西更有好处。

那么，转系要以什么为标准呢？依自己的兴趣呢？还是看社会的需要？我年轻时候《留学日记》有一首诗，现在我也背不出来了。我选课用什么做标准？听哥哥的话？看国家的需要？还是凭自己？只有两个标准：一个是"我"；一个是"社会"，看看社会需要什么？国家需要什么？中国现代需要什么？但这个标准——社会上三百六十行，行行都需要，现在可以说三千六百行，从诺贝尔得奖人到修理马桶的，社会都需要，所以社会的标准并不重要。因此，在定主意的时候，便要依着自我的兴趣了——即性之所近，力之所能。我的兴趣在什么地方？与我性质相近的是什么？问我能做什么？对什么感兴趣？我便照着这个标准转到文学院了。但又有一个困难，文科要缴费，而从康大中途退出，要赔出以前两年的学费，我也顾不得这些。经过四位朋友的帮忙，由八十元减到三十五元，终于达成愿望。在文学院以哲学为主，英国文学、经济、政治学之门为副。后又以哲学为主，经济理论、英国文学为副科。到哥伦比亚大学后，仍以哲学为主，以政治理论、英国文学为副。我现在六十八岁了，人家问我学什么，我自己也不知道学些什么？我对文学也感兴趣，白话文方面也曾经有过一点小贡献。在北大，我曾做过哲学系主任、外国文学系主任、英国文学系主任，中国文学系也做过四年的系主任，在北大文学院六个学系中，五系全做过主任。现在我自己也不知道学些什么，我刚才讲过现在的青年太倾向于现实了，不凭性之所近，力之所能去选课。譬如一位有作诗天才的人，不进中文系学作诗，而偏要去医学院学外科，那么文学院便失去了一个一流的诗人，而国内却添了一个三四流甚至五流的饭桶外科医生，这是国家的损失，也是你们自己的损失。

在一个头等、第一流的大学，当初日本筹划帝大的时候，真的计划远大，规模宏伟，单就医学院就比当初日本总督府还要大。科学的书籍都是从第一号编起，基础良好，我们接收已有十余年了，总算没有辜负当初的计划。今日台大可说是很完善的大学，各位不要有成见，戴着近视眼镜来看自己的前途，看自己的将来。听说入学考试时有七十二个志愿可填，这样七十二变，变到最后不知变成了什么，当初所填的志愿，不要当做最后的决定，只当做暂时的方向。要在大学一二年的时候，东摸摸西摸摸的瞎摸。不要有短见，十八九岁的青年仍没有能力决定自己的前途、职业。进大学后第一年到处去摸、去看，探险去，不知道的我偏要去学。如在中学时候的数学不好，现在我偏要去学，中学时不感兴趣，也许是老师不好。现在去听听最好的教授的讲课，也许会提起你的兴趣。好的先生会指导你走上一个好的方向，第一二年甚至于第三年还来得及，只要依着自己"性之所近，力之所能"的做去，这是清代大儒章学诚的话。

现在我再说一个故事，不是我自己的，而是近代科学的开山大师——伽利略（Galileo）。他是意大利人，父亲是一个有名的数学家，他的父亲叫他不要学他这一行，学这一行是没饭吃的，要他学医。他奉命而去。当时意大利正是文艺复兴的时候，他到大学以后曾被教授和同学捧誉为"天才的画家"，他也很得意。父亲要他学医，他却发现了美术的天才。他读书的佛劳伦斯地方是一工业区，当地的工业界首领希望在这大学多造就些科学的人才，鼓励学生研究几何，于是在这大学里特为官儿们开设了几何学一科，聘请一位叫 Ricci 氏当教授。有一天，他打从那个地方过，偶然的定脚在听讲，有的官儿们在打瞌睡，而这位年轻的伽利略却非常感兴趣。于是不断地一直继续下去，趣味横生，便改学数学。由于浓厚的兴趣与天才，就决心去东摸摸西摸摸，摸出一条兴趣之路，创造了新的天文学、新的物理学，终于成为一位近代科学的开山大师。

大学生选择学科就是选择职业。我现在六十八岁了，我也不知道所学的是什么。希望各位不要学我这样老不成器的人。勿以七十二志愿中所填的一愿就定了终身，还没有定，就是大学二三年也还没定。各位在此完备的大学里，目前更有这么多好的教授人才来指导，趁此机会加以利用。社会上需要什么，不要管他，家里的爸爸、妈妈、哥哥、朋友等，要你做律师、做医生，你也不要管他们，不要听他们的话，只要跟着自己的兴趣走。想起当初我哥哥要我学开矿、造铁路，我也没听他的话。自己变来变去变成一个老不成器的人。后来我哥哥也没说什么。只管我自己，别人不要管他。依着"性之所近，力之所能"学下去，其未来对国家的贡献也许比现在盲目所选的或被动选择的学科会大得多，将来前途也是无可限量的。

下课了！下课了！谢谢各位。

第一讲　引言

钱校长、各位先生、各位同学：

今天我感觉到很困难，因为当初我接受钱校长与刘院长的电报到台大和师院作学术讲演，我想总是在小屋子里面，只有二三十人，顶多一百人，可以有问有答；在小规模的讲堂里面，还可以有黑板写写字，这样子才可以作一种学术讲演。今天来到这么一个广场里面作学术讲演，的确是生平第一次，一定有许多话给先生们听了觉得太浅，同学们又觉得没有黑板写下来，不容易知道。我的南腔北调的官话依然咬不清楚，一定使大家很失望，所以先要道歉！

当时我收到钱校长与刘院长的电报，我想了几天，我以为他们两位另外有一封详细的信告诉我：是两个学校分开还是合起来讲？是小讲堂还是大讲堂？当时的确没有想到在广场讲演。等了两个星期，他们没有信来，我自动打电报给他们两位；我提出两个题目：在台大讲"治学办法"，在师院讲"杜威哲学"。

杜威先生是我的老师，活了九十多岁，今年才过世。我们一般学生觉得，在

"自由中国"应该有一个机会纪念他，所以杜威哲学这个题目，是当作一个纪念性。

今天讲治学的方法，其实也是带纪念性的。我感觉到台大的故校长——傅斯年先生，他是一个最能干，最能够领导一个学校，最能够办事的人。他办过"中央研究院"，历史语言研究所。他也在我之前先代理过北大校长一年；不是经过那一年，我简直没有办法。后来做台大校长，替台大定下很好的基础。他这个人，不但是国家的一个人，他是世界上很少见的一个多方面的天才，他的记忆力之强更是少有的。普通记忆力强的人往往不能思想；傅先生记忆力强，而且思考力非常敏锐，这种兼有记忆力和思考力的人，是世界上少见的。同时，能够做学问的人不见得能够办事，像我这样子，有时候可以在学问上做一点工作，但是碰到办事就很不行。钱校长说我当北大校长，还可以做研究的工作，不是别的，只因为我不会办事。我做校长，完全是无为而治；一切事都请院长、教务长、训导长去办，我从来不过问学校的事；自己关起门来做学问。傅先生能够做学问而又富有伟大的办事能力；像这种治学方法同办事能力合在一块，更是世界上少见的。因为傅先生同我是多年的同事，多年的朋友；同时在做学问这一条路上，我们又是多年的同志。所以我今天在台大来讲治学方法，也可以说是纪念这个伟大而可惜过去得太早的朋友。

我看到讲台前有很多文史方面的老朋友们，我真是胆怯，因为我不是讲天文学、地质学、物理、化学，是在文史方面讲治学方法。在诸位先生面前讲这个题目真是班门弄斧了。

我预备讲三次：第一次讲治学方法的引论，第二次讲方法的自觉，第三次讲方法与材料的关系。

今天我想随便谈谈治学的方法。我个人的看法，无论什么科学——天文、地质、物理、化学等等——分析起来，都只有一个治学方法，就是做研究的方法。什么是做研究呢？就是说，凡是要去研究一个问题，都是因为有困难问题发生，要等我们去解决它；所以做研究的时候，不是悬空的研究。所有的学问，研究的动机和目标是一样的。研究的动机，总是因为发生困难，有一个问题，从前没有看到，现在看到了；从前觉得没有解决的必要，现在觉得有解决的必要的。凡是做学问，做研究，真正的动机都是求某种问题某种困难的解决；所以动机是困难，而目的是解决困难。这并不是我一个人的说法，凡是有做学问做研究经验的人，都承认这个说法。真正说起来，做学问就是研究；研究就是求得问题的解决。所有的学问，做研究的动机是一样的，目标是一样的，所以方法也是一样的。不但是现在如此；我们研究西方的科学思想，科学发展的历史，再看看中国二千五百年来凡是合于科学方法的种种思想家的历史，知道古今中外凡是在做学问做研究上有成绩的人，他的方法都是一样的。古今中外治学的方法是一样的。为什么是一样呢？就是因为做学问做研究的动机和目标是一样的。从一个动机到一个目标，从发现困难到解决困难，当中有一个过程，就是所谓方法。从发现困难那一天起，到解决困难为止，当中这一个过程，可能很长，也可能很短。有的时候要几十年，几百年才能解决一个问题；有时候只要一个钟头就可以解决一个问题。这个过程就是方法。

刚才我说方法是一样的，方法是什么呢？我曾经有很多时候，想用文字把方法做成一个公式、一个口号、一个标语，把方法扼要说出来；但是从来没有一个满意的表现方式。现在我想起我二三十年来关于方法的文章里面，有两句话也许可以算是讲治学方法的一种很简单扼要的话。

那两句话就是："大胆的假设，小心的求证。"要大胆的提出假设，但这种假设还得想法子证明。所以小心的求证，要想法子证实假设或者否定假设，比大胆的假设还更重要。这十个字是我二三十年来见之于文字，常常在嘴里向青年朋友们说的。有的时候在我自己的班上，我总希望我的学生们能够了解。今天讲治学方法引论，可以说就是要说明什么叫做假设，什么叫做大胆的假设；怎么样证明或者否证假设。

刚才我说过，治学的方法，做研究的方法，都是基于一个困难。无论是化学、地质学、生物学、社会科学上的一个问题，都是一个困难。当困难出来的时候，本于个人的知识、学问，就不知不觉的提出假设，假定有某几种可以解决的方案。比方诸位在台湾这几年看见杂志上有讨论《红楼梦》的文章，就是所谓红学。到底《红楼梦》有什么可以研究的呢？《红楼梦》发生了什么问题呢？普通人看《红楼梦》里面的人物，都是不发生问题的，但是有某些读者却感觉到《红楼梦》发生了问题：《红楼梦》究竟是什么意思？当时写贾宝玉、林黛玉这些人的故事有没有背景？有没有"微言大义"在里面？写了一部七八十万字的书来讲贾家的故事，讲一个纨绔子弟贾宝玉同许多漂亮的丫头、漂亮的姊妹亲戚们的事情，有什么意义没有？这是一个问题。怎么样解决这个问题呢？当然你有一个假设，他也有一个假设。

在二三十年前，我写《红楼梦考证》的时候，有许多关于《红楼梦》引起的问题的假设的解决方案。有一种是说《红楼梦》含有种族思想，书中的人物都是影射当时满洲的官员，林黛玉是暗指康熙时候历史上一个有名的男人；薛宝钗、王凤姐和那些丫头们都是暗指历史上的人物。还有一种假设说贾宝玉是指一个满洲宰相明珠的儿子叫做纳兰性德——他是一个了不起的、天才很高的文学家——那些丫头、姐妹亲戚们都是代表宰相明珠家里的一班文人清客；把书中漂亮的小姐们如林黛玉、薛宝钗、王凤姐、史湘云等人都改装过来化女为男。我认为这是很不可能，也不需要化装变性的说法。

后来我也提出一个假设。我的假设是很平常的。《红楼梦》这本书，从头一回起，作者就说这是我的自传，是我亲自所看见的事体。我的假设就是说，《红楼梦》是作者的自传，是写他亲自看见的家庭。贾宝玉就是曹雪芹；《红楼梦》就是写曹家的历史。曹雪芹是什么人呢？他的父亲叫曹頫，他的祖父叫做曹寅；一家三代四个人做江宁织造，做了差不多五十年。所谓宁国府、荣国府，不是别的，就是指他们祖父、父亲、两个儿子，三代四个人把持五十多年的江宁织造的故事。书中说到，"皇帝南巡的时候，我们家里接驾四次。"如果在普通人家，招待皇帝四次是可能倾家荡产的；这些事在当时是值得一吹的。所以，曹雪芹虽然将真事隐去，仍然舍不得要吹一吹。曹雪芹后来倾家荡产做了文丐，成了叫花子的时候，还是读书喝酒，跟书中的贾宝玉一样。这是一个假设；我举出来作一个例子。

要解决"《红楼梦》有什么用意"这个问题，当然就有许多假设。提出问题求解决，是很好的事情；但先要看这些假设是否能够得到证明。凡是解决一个困难的时候，一定要有证明。我们看这些假设，有的说这本书是骂满洲人的；是满洲人统治中国的时候，汉人含有民族隐痛，写出来骂满洲人的。有的说是写一个当时的大户人家，宰相明珠家中天才儿子纳兰性德的事。有的说是写康熙一朝的政治人物。而我的假设呢？我认为这部书不是谈民族的仇恨，也不是讲康熙时候的事。都不是的！从事实上照极平常的做学问的方法，我提出一个很平常的假设，就是《红楼梦》这本书的作者在开头时说的，他是在说老实话，把他所看见的可爱的女孩子们描写出来；所以书中描写的人物可以把个性充分表现出来。方才所说的"大胆的假设"，就是这种假设。我恐怕我所提出的假设只够得上小胆的假设罢了！

凡是做学问，不特是文史方面的，都应当这样。譬如在化学实验室做定性分析，先是给你一盒东西，对于这盒东西你先要做几个假设，假设某种颜色的东西是什么，然后再到火上烧烧，看看试验管发生了什么变化：这都是问题。这与《红楼梦》的解释一样的有问题；做学问的方法是一样的。我们的经验，我们的学问，是给我们一点知识以供我们提出各种假设的。所以"大胆的假设"就是人人可以提出的假设。因为人人的学问，人人的知识不同，我们当然要容许他们提出各种各样的假设。一切知识，一切学问是干什么用的呢？为什么你们在学校的这几年中有许多必修与选修的学科？都是给你们用；就是使你在某种问题发生的时候，脑背后就这边涌上一个假设，那边涌上一个假设。做学问，上课，一切求知识的事情，一切经验——从小到现在的经验，所有学校里的功课与课外的学问，为的都是供给你种种假设的来源，使你在问题发生时有假设的材料。如果遇上一个问题，手足无措，那就是学问、知识、经验，不能应用，所以看到一个问题发生，就没有法子解决。这就是学问知识里面不能够供给你一些活的材料，以为你做解决问题的假设之用。

单是假设是不够的，因为假设可以有许多。譬如《红楼梦》这一部小说，就引起了这么多假设。所以第二步就是我所谓"小心的求证"。在真正求证之先，假设一定要仔细选择选择。这许多假设，就是假定的解决方法，看哪一个假定的解决方法是比较近情理一点，比较可以帮助我们解决那个开始发生的那个困难问题。譬如《红楼梦》是讲的什么？有什么意思没有？有这么多的假定的解释来了，在挑选的时候先要看哪一个假定的解释比较能帮助你解决问题，然后说：对于这一个问题，我认为我的假设是比较能够满意解决的。譬如我的关于《红楼梦》的假设，曹雪芹写的是曹家的传记，是曹雪芹所看见的事实。贾母就是曹母，贾母以下的丫头们也都是他所看见的真实人物。当然名字是改了，姓也改了。但是我提出这一个假设，就是说《红楼梦》是曹雪芹的自传，最要紧的是要求证。我能够证实它，我的假设才站得住；不能证实，它就站不住。求证就是要看你自己所提出的事实是不是可以帮助你解决那个问题。要知道《红楼梦》在讲什么，就要做《红楼梦》的考证。现在我可以跟诸位做一个坦白的自白。我在做《红楼梦考证》那三十年中，曾经写了十几篇关于小说的考证，如《水浒传》、《儒林外史》、《三国演义》、《西游记》、《老残游记》、《三侠五义》等书的考证。而我费了最大力量的，是一部讲怕老婆的故事的书，叫做《醒世姻缘》，约有一百万字。我整整花了五年工夫，做了五万字的考证。也许有人要问，胡适这个人是不是发了疯呢？天下可做的学问很多，而且是学农的，为什么不做一点物理、化学有关科学方面的学问呢？为什么花多少年的工夫来考证《红楼梦》、《醒世姻缘》呢？我现在做一个坦白的自白，就是：我想用偷关漏税的方法来提倡一种科学的治学方法。我所有的小说考证，都是用人人都知道的材料，用偷关漏税的方法，来讲做学问的方法的。譬如讲《红楼梦》，至少我对于研究《红楼梦》问题，我对它的态度的谨严，自己批评的严格，方法的自觉，同我考据研究《水经注》是一样的。我对于小说材料，看做同化学问题的药品材料一样，都是材料。我拿《水浒传》、《醒世姻缘》、《水经注》等书做学问的材料。拿一种人人都知道的材料用偷关漏税的方法，要人家不自觉的养成一种"大胆的假设，小心的求证"的方法。

假设是人人可以提的。譬如有人提出骇人听闻的假设也无妨。假设是愈大胆愈好。但是提出一个假设，要想法子证实它。因此我们有了大胆的假设以后，还不要忘了小心的求证。比如我考证《红楼梦》的时候，我得到许多朋友的帮助，我找到许多材料。我已经印出的本子，是已经改了多少次的本子。我先要考出曹雪芹于《红楼梦》以外有没有其他著作？他的朋友和同他同时代的人有没有什么关于他的著作？他的父亲、叔父们有没有什么关于他的记载？关于他一家四代五个人，尤其是关于他的祖父曹寅，有多少材料可以知道他那时候的地位？家里有多少钱，多么阔？是不是真正能够招待皇帝到四次？我把这些有关的证据都想法找了来，加以详密的分析，结果才得到一个比较认为满意的假设，认定曹雪芹写《红楼梦》，并不是什么微言大义；只是一部平淡无奇的自传——曹家的历史。我得到这一家四代五个人的历史，就可以帮助说明。当然，我的假设并不是说就完全正确；但至少可以在这里证明"小心求证"这个工夫是很重要的。

现在我再举一个例来说明。方才我说的先是发生问题，然后是解决问题。要真正证明一个东西，才做研究。要假设一个比较最能满意的假设，来解决当初引起的问题。譬如方才说的《红楼梦》，是比较复杂的。但是我认为经过这一番的研究，经过这一番材料的搜集，经过这一番把普通人不知道的材料用有系统的方法来表现出来，叙述出来，我认为我这个假设在许多假设当中，比较最能满意的解答："《红楼梦》说的是什么？有什么意思？"

　　方才我提到一部小说，恐怕是诸位没有看过的，叫做《醒世姻缘》，差不多有一百万字，比《红楼梦》还长，可以说是中国旧小说中最长的。这部书讲一个怕老婆的故事。他讨了一个最可怕的太太。这位太太用种种方法打丈夫的父母朋友。她对于丈夫，甚至于一看见就生气；不但是打，有一次用熨斗里的红炭从她丈夫的官服圆领口倒了进去，几乎把他烧死；有一次用洗衣的棒槌打了他六百下，也几乎打死他。把这样一个怕老婆的故事叙述了一百万字以上，结果还是没有办法解脱。为什么呢？说这是前世的姻缘。书中一小半，差不多有五分之一是写前世的事。后半部是讲第二世的故事。在前世被虐待的人，是这世的虐待者。婚姻问题是前世的姻缘，没有法子解脱的。想解脱也解脱不了。结果只能念经做好事。在现代摩登时代的眼光看，这是一个很迷信的故事。但是这部书是了不得的。用一种山东淄川的土话描写当时的人物是有一种诙谐的风趣的；描写荒年的情形更是历历如绘。这可以说是世界上一部伟大的小说。我就提倡把这部书用新的标点符号标点出来，同书局商量翻印。写这本书的人是匿名，叫西周生。西周生究竟是什么人呢？于是我做了一个大胆的假设；这个假设可以说是大胆的。（方才说的，我对于《红楼梦》的假设，可以说是小胆的假设。）我认为这部书就是《聊斋志异》的作者蒲松龄写的。我这个假设有什么根据呢？为什么引起我作这种假设呢？这个假设从哪里来的呢？平常的经验、知识、学问，都是给我们假设用的。我的证据是在《聊斋志异》上一篇题名为《江城》的小说。这个故事的内容结构与《醒世姻缘》一样。不过《江城》是一个文言的短篇小说；《醒世姻缘》是白话的长篇的小说。《醒世姻缘》所描写的男主角所以怕老婆，是因为他前世曾经杀过一个仙狐，下一世仙狐就转变为一个女人做他的太太，变得很凶很可怕。《聊斋志异》里的短篇《江城》所描写的，也是因为男主角杀过一个长生鼠，长生鼠也就转世变为女人来做他的太太，以报复前世的冤仇。这两个故事的结构太一样了，又都同时出在山东淄川，所以我就假设西周生就是蒲松龄。我又用语言学的方法，把书里面许多方言找出来。运气很好，正巧那几年国内发现了蒲松龄的几部白话戏曲，尤其是长篇的戏曲，当中有一篇是将《江城》的故事编写成白话戏曲的。我将这部戏曲里的方言找出来，和《醒世姻缘》里面的方言详细比较，有许多特别的字集成为一个字典，最后就证明《醒世姻缘》和《江城》的白话戏曲的作者是同一个小区域里的人。再用别的方法来证明那个时代的荒年；后来从历史的记载里得到了同样的结论。考证完了以后，就有书店来商量印行，并排好了版。我因为想更确实一点，要书局等一等；一等就等了五年。到了五年才印出来。当时傅先生很高兴——因为他是作者的同乡，都是山东人。我举这一个例，就是说明要大胆的假设，而单只假设还是不够的。后来我有一个在广西桂县的学生来了封信，告诉我说，这个话不但你说，从前已经有人说过了。乾隆时代的鲍廷博，他说留仙（蒲松龄）除了《聊斋志异》以外，还有一部《醒世姻缘》。因鲍廷博是刻书的，曾刻行《聊斋志异》。他说的话值得注意。我经过几年的间接证明，现在至少有个直接的方法帮助我证明了。

我所以举这些例，把这些小说当成待解决的问题看，目的不过是要拿这些人人都知道的材料，来灌输介绍一种做学问的方法。这个方法的要点，就是方才我说的两句话："大胆的假设，小心的求证。"如果一个有知识有学问有经验的人遇到一个问题，当然要提出假设，假定的解决方法。最要紧的是还要经过一番小心的证实，或者否证它。如果你认为证据不充分，就宁肯悬而不决，不去下判断，再去找材料。所以小心的求证很重要。

时间很短促，最后我要引用台大故校长傅先生的一句口号，来结束这次讲演。他这句口号是在民国十七年开办历史语言研究所时的两句名言，就是"上穷碧落下黄泉，动手动脚找东西。"这两句话前一句是白居易《长恨歌》中的一句，后一句是傅先生加上的。今天傅校长已经去世，可是今天在座的教授李济之先生却还大为宣传这个口号，可见这的确是我们治学的人应该注意的。假设人人能提，最要紧的是能小心的求证；为了要小心的求证，就必须"上穷碧落下黄泉，动手动脚找东西。"今天讲的很浅近，尤其是在座有许多位文史系平常我最佩服的教授，还请他们多多指教。

第二讲　方法的自觉

钱校长、各位先生、各位同学：

上次我在台大讲治学方法的引论，意思说我们须把科学的方法——尤其是科学实验室的态度——应用到文史和社会科学方面。治学没有什么秘诀；有的话，就是："思想和研究都得要注重证据。"所以我上次提出"大胆的假设，小心的求证"两句话作为治学的方法。后来钱校长对我说：学理、工、农、医的人应该注重在上一句话"大胆的假设"，因为他们都已比较的养成了一种小心求证的态度和习惯了；至于学文史科学和社会科学的人，应该特别注重下一句话"小心的求证"，因为他们没有养成求证的习惯。钱校长以为这两句话应该有一种轻重的区别：这个意思，我大体赞成。

今天我讲治学方法第二讲：方法的自觉。单说方法是不够的；文史科学和社会科学的错误，往往由于方法的不自觉。方法的自觉，就是方法的批评；自己批评自己，自己检讨自己，发现自己的错误，纠正自己的错误。做科学实验室工作的人，比较没有危险，因为他随时随地都有实验的结果可以纠正自己的错误。他假设在某种条件之下就应该产生某种结果；如果某种条件具备而不产生某种结果，这就是假设的错误。他便毫不犹豫的检讨错误在什么地方，重新修正，所以他可以随时随地的检讨自己，批评自己，修正自己，这就是自觉。

但我对钱校长说的话也有一点修正。做自然科学的人，做应用科学的人，学理、工、农、医的人，虽然养成了科学实验室的态度，但是他们也还是人，并不完全是超人，所以也不免有人类通有的错误。他们穿上了实验室的衣服，拿上了试验管、天平、显微镜，做科学实验的时候，的确是很严格的。但是出了实验室，他们穿上了礼拜堂的衣服，就完全换了一个态度；这个时候，他们就不一定能够保持实验室的"大胆的假设，小心的求证"的态度。一个科学家穿上礼拜堂的衣服，方法放假了，思想也放假了：这是很平常的事。我们以科学史上很有名的英国物理学家洛奇先生（Sir Oliver Lodge）为例。他在物理学上占很高的地位；当他讨论到宗教信仰问题的时候，就完全把科学的一套丢了。大家都知道他很相信鬼。他谈到鬼的时候，就把科学实验室的态度和方法完全搁开。他要同鬼说话、同鬼见面。他的方法不严格了，思想也放假了。

真正能够在实验室里注重小心求证的方法，而出了实验室还能够把实验室的态度应用到社会问题、人生问题、道德问题、宗教问题的——这种人很少。今天我特别要引一个人的话做我讲演的材料：这人便是赫胥黎（T. H. Huxley）。他和达尔文二人，常常能够保持实验室的态度，严格的把这个方法与态度应用到人生问题和思想信仰上去。一八六〇年，赫胥黎最爱的一个儿子死了。他有一个朋友，是英国社会上很有地位的文学家、社会研究家和宗教家，名叫金司莱（Charles Kinsley）。他写了一封信安慰赫胥黎，趁这个机会说："你在最悲痛的时候，应该想想人生的归宿问题吧！应该想想人死了还有灵魂，灵魂是不朽的吧！你总希望你的儿子，不是这么死了就了了。你在最哀痛的时候，应该考虑考虑灵魂不朽的问题呵！"因为金司莱的地位很高，人格是很可敬的，所以赫胥黎也很诚恳的写了一封长信答复他。这信里有几句话，值得我引来作讲方法自觉的材料。他说："灵魂不朽这个说法，我并不否认，也不承认，因为我找不出充分的证据来接受它。我平常在科学室里的时候，我要相信别的学说，总得要有证据。假设你金司莱先生能够给我充分的证据，同样力量的证据，那么，我也可以相信灵魂不朽这个说法。但是，我的年纪越大，越感到人生最神圣的一件举动，就是口里说出和心里觉得'我相信某件事物是真的'。"我认为说这一句话是人生最神圣的一件举动，人生最大的报酬和最大的惩罚都跟着这个神圣的举动而来的。赫胥黎是解剖学大家。他又说："假如我在实验室做解剖、做生理学试验的时候，遇到一个小小的困难，我必须要严格的不信任一切没有充分证据的东西，我的工作才可以成功。我对于解剖学或者生理学上小小的困难尚且如此；那么，我对人生的归宿问题，灵魂不朽问题，难道可以放弃我平常的立场和方法吗？"我在好几篇文章里面常常引到这句话。今天摘出来作为说方法自觉的材料。赫胥黎把嘴里说出来，心里觉得"我相信某件事物是真的"这件事，看作人生最神圣的一种举动。无论是在科学上的小困难，或者是人生上的大问题，都得要严格的不信任一切没有充分证据的东西：这就是科学的态度，也就是做学问的基本态度。

在文史方面和社会科学方面的研究，还没有能够做到这样严格。我们以美国今年的大选同四年前的大选来做说明。一九四八年美国大选有许多民意测验研究所，单是波士顿一个地方就有七个民意测验研究所。他们用社会科学家认为最科学的方法来测验民意。他们说：杜鲁门一定失败，杜威一定成功。到了选举的时候，杜鲁门拿到总投票百分之五十点四，获得了胜利。被社会科学家认为最科学、最精密的测验方法，竟告不灵；弄得民意测验研究所的人，大家面红耳赤，简直不敢见人，几乎把方法的基础都毁掉了。许多研究社会科学、自然科学、统计学的朋友说，不要因为失败，就否认方法；这并不是方法错了，是用方法的人不小心，缺乏自觉的批评和自觉的检讨。今天美国大选，所有民意测验机构都不敢预言谁能得胜了；除了我们平时不挂"民意测验""科学方法"招牌的人随便谈的时候还敢说"我相信艾森豪威尔会得胜"外，连报纸专栏作家和社论专家都不敢预言，都说今年大选很不容易推测。结果艾森豪威尔获得了百分之五十五的空前多数。为什么他们的测验含有这样的错误呢？他们是向每一个区域，每一类有投票权的人征询意见，把所得到的结果发表出来。比方今年，有百分之四十九的人赞成共和党艾森豪威尔，百分之四十七赞成民主党史蒂文生，还有百分之四没有意见。一九四八年的选举，百分之五十点四便可以胜利——其实百分之五十点一就够了，百分之五十点零零一也可以胜利。所以这百分之四没有表示意见的人，关系很大。在投票之前，他们不表示意见，当投票的时候，就得表示意见了。到了这个时候，不说百分之一，就是千分之一也可以影响全局。没有计算到这里面的变化，就容易错误了。以社会科学最精密的统计方法，尚且有漏洞，那么，在文史的科学上面，除了考古学用实物做证据以及很严格的历史研究之外，普通没有受过科学洗礼的人，没有严格的自己批评自己的人，便往往把方法看得太不严格，用得太松懈了。

有一个平常我最不喜欢举的例子，今天我要举出来简单的说一说。社会上常常笑我，报纸上常常挖苦我的题目，就是《水经注》的案子。为什么我发了疯，花了五年多的工夫去研究《水经注》这个问题呢？我得声明，我不是研究《水经注》本身。我是重审一百多年来的《水经注》的案子。我花五年的工夫来审这件案子，因为一百多年来，有许多有名的学者，如山西的张穆、湖南的魏源、湖北的杨守敬和作了许多地理学说为现代学者所最佩服的浙江王国维以及江苏的孟森：他们都说我所最佩服的十八世纪享有盛名的考古学者、我的老乡戴先生是个贼，都说他的《水经注》的工作是偷了宁波全祖望、杭州赵一清两个人的《水经注》的工作的。说人家做贼，是一件大事，是很严重的一件刑事控诉。假如我的老乡还活着的话，他一定要提出反驳，替自己辩白。但是他是一七七七年死的，到现在已经死了一七五年，骨头都烂掉了，没有法子再跑回来替自己辩护。而这一班大学者，用大学者的威权，你提出一些证据，他提出一些证据，一百年来不断的提出证据——其实都不是靠得住的证据——后来积非成是，就把我这位老乡压倒了，还加上很大的罪名，说他做贼，说他偷人家的书来做自己的书。一般读书的人，都被他们的大名吓倒了，都相信他们的"考据"，也就认为戴震偷人的书，已成定论，无可疑了。我在九年前，偶然有一点闲工夫，想到这一位老乡是我平常最佩服的，难道他是贼吗？我就花了六个月的时间，把他们几个人提出的一大堆证据拿来审查，提出了初步的报告。后来觉得这个案子很复杂，材料太多，应该再审查。一审就审了五年多，才把这案子弄明白；

才知道这一百多年的许多有名的学者，原来都是糊涂的考证学者。他们太懒，不肯多花时间，只是关起大门考证；随便找几条不是证据的证据，判决一个死人做贼；因此构成了一百多年来一个大大的冤狱！

我写了一篇关于这个案子的文章，登在美国国会图书馆的刊物上。英美法系的证据法，凡是原告或检察官提出来的证据，经过律师的辩论，法官的审判，证据不能成立的时候，就可以宣告被告无罪。照这个标准，我只要把原告提出来的证据驳倒，我的老乡戴震先生就可以宣告无罪了，但是当我拿起笔来要写中文的判决书，就感觉困难。我还得提出证据来证明戴震先生的确没有偷人家的书，没有做贼。到这个时候，我才感觉到英美法系的证据法的标准，同我们东方国家的标准不同。于是我不但要作考据，还得研究证据法。我请教了好几位法官：中国证据法的原则是什么？他们告诉我：中国证据法的原则只有四个字，就是"自由心证"。这样一来，我证明原告的证据不能成立还不够，还得要做侦探，到处搜集证据；搜了五年，才证明我的老乡的确没有看见全祖望、赵一清的《水经注》。没有机会看到这些书，当然不会偷了这些书，也就没有做贼了。

我花了五年的工夫得着这个结论；我对于这个案件的判决书就写出来了。这虽然不能当作专门学问看，至少也可以作为文史考证的方法。我所以要做这个工作，并不是专替老乡打抱不平，替他做律师，做侦探。我上次说过，我借着小说的考证，来解说治学的方法。同样的，我也是借《水经注》一百多年的糊涂官司，指出考证的方法。如果没有自觉的批评、检讨、修正，那就很危险。根据五年研究《水经注》这个案子的经验，我认为做文史考据的人，不但要时时刻刻批评人家的方法，还要批评自己的方法；不但要调查别人的证据，还得要调查自己的证据。五年的审判经验，给了我一个教训。为什么这些有名的考证学者会有这么大的错误呢？为什么他们会冤枉一位死了多年的大学者呢？我的答案就是：这些做文史考据的人，没有自觉的方法。刚才说过，自觉就是自己批评自己，自己检讨自己，自己修正自己。这是最重要的一点。在文史科学、社会科学方面，我们不但要小心的求证，还得要批评证据。自然科学家就不会有这种毛病；因为他们在实验室的方法就是一种自觉的方法。所谓实验，就是用人工造出证据来证明一个学说、理论、思想、假设。比方天然界的水，不能自然的分成氢气和氧气。化学家在做实验的时候，可以用人工把水分成氢气和氧气各为若干成分。天然界不存在的东西，看不见的形状，科学家在实验室里面用人工使他们产生出来，以证明某种假设，这就是所谓实验。文史科学、社会科学没有法子创造证据。我们的证据全靠前人留下来的；留在什么地方，我们就到什么地方去找。不能说找不到便由自己创造出一个证据来。如果那样，就是伪证，是不合法的。

我们既然不能像自然科学家一样，用实验的方法来创造证据，那么，怎么办呢？除了考古学家还可以从地下发掘证据以外，一般文史考证，只好在这本书里头去发现一条，在那本书里面去发现一条，来作为考证的证据。但是自己发现的证据，往往缺乏自己检讨自己的方法。怎么样才可以养成方法的自觉呢？今天我要提出一个答案；这个答案是我多年以来常常同朋友们谈过，有时候也见诸文字的。中国的考证学，所谓文史方面的考证，是怎么来的呢？我们的文史考证同西方不一样。西方是先有了自然科学，自然科学的方法已经应用了很久，并且已经演进到很严格的地步了，然后才把它应用到人文科学方面；所以他们所用的方法比较好些。我们的考证学已经发达了一千年，至少也有九百年，或者七百年的历史了。从宋朝朱子（殁于西历一二〇〇年）以来，我们就已经有了所谓穷理、格物、致知的学问，却没有自然科学的方法。人家西方是从自然科学开始；我们却是从人文科学开始。我们从朱子考证《尚书》《诗经》等以来，就已经开了考证学的风气；但是他们怎么样得到考据的方法呢？他们所用的考证、考据这些名词，都是法律上的名词。中国的考据学的方法，都是过去读书人做了小官，在判决官司的时候得来的。在唐宋时代，一个中了进士的人，必须先放出去做县尉等小官。他们的任务就是帮助知县审判案子，以训练判案的能力。于是，一般聪明的人，在做了亲民的小官之后，就随时诚诚恳恳地去审判人民的诉讼案件；久而久之，就从判案当中获得了一种考证、考据的经验。考证学就是这样出来的。我们讲到考证学，讲到方法的自觉，我提议我们应该参考现代国家法庭的证据法（Law of Evidence）。在西方证据法发达的国家，尤其是英美，他们的法庭中，都采用陪审制度，审案的时候，由十二个老百姓组成陪审团，听取两造律师的辩论。在陪审制度下，两造律师都要提出证人证物；彼此有权驳斥对方的证人证物。驳来驳去，许多证人证物都因此不能成立，或者减少了作证的力量。同时因为要顾到驳斥的关系，许多假的，不正确的和不相干的证据，都不能提出来了。陪审员听取两造的辩驳之后，开会判断谁有罪，谁无罪。然后法官根据陪审员的判断来定罪。譬如你说某人偷了你的表，你一定要拿出证据来。假如你说因为昨天晚上某人打了他的老婆，所以证明他偷了你的表；这个证明就不能成立。因为打老婆与偷表并没有关系。你要把这个证据提出来打官司，法官就不会让你提出来。就是提出来也没有力量。就算你修辞很好，讲的天花乱坠，也是没用的。因为不相干的证据不算是证据。陪审制度容许两造律师各驳斥对方的证据，所以才有今天这样发达的证据法。

我们的考据学，原来是那些早年做小官的人，从审判诉讼案件的经验中学来的一种证据法。我今天的提议，就是我们作文史考据的人，用考据学的方法，以证据来考订过去的历史的事实，以证据来批判一件事实的有无、是非、真假。我们考证的责任，应该同陪审员或者法官判决一个罪人一样，有同等的严重性。我们要使得方法自觉，就应该运用证据法上允许两造驳斥对方所提证据的方法，来作为我们养成方法自觉的一种训练。如果我们关起门来做考据，判决这个人做贼，那个人是汉奸，是贪官污吏，完全用自己的判断来决定天下古今的是非、真伪、有无；在我们的对面又没有律师来驳斥我们；这样子是不行的。我们要假定有一个律师在那里，他随时要驳斥我们的证据，批评我们的证据是否可靠。要是没有一个律师在我们的面前，我们的方法就不容易自觉，态度也往往不够谨慎，所得的结论也就不够正确了。所以，我们要养成自觉的习惯，必须树立两个自己审查自己的标准：

第一，我们要问自己：你提出的这个证人可靠吗？他有做证人的资格吗？你提出来的证物可靠吗？这件证物是从哪里来的？这个标准是批评证据。

第二，我们还要问自己：你提出的这个证人或者证物是要证明本案的哪一点？譬如你说这个人偷了你的表，你提的证据却是他昨天晚上打老婆；这是不相干的证据，这不能证明他偷了你的表。像这种证据，须要赶出法庭之外去。

要做到方法的自觉，我觉得唯一的途径，就是自己关起门来做考据的时候，就要如临师保，如临父母。我们至少要做到上面所提的两个标准：一要审查自己的证据可靠不可靠；二要审查自己的证据与本案有没有相干。还要假定对方有一个律师在那里，随时要驳斥或者推翻我们的证据。如果能够做到这样，也许可以养成我开始所讲的那个态度，就是要严格的不信任一切没有充分证据的东西。这就是我的提议。

最后，我要简单说一句话：要时时刻刻自己检讨自己，以养成做学问的良好习惯。台大的钱校长和许多研究自然科学、历史科学的人可以替我证明：科学方法论的归纳法、演绎法，教你如何归纳，如何演绎，并不是养成实验室的态度。实验室的态度，是天天在那里严格的自己检讨自己，创造证据来检讨自己；在某种环境之下，逼得你不能不养成某种好习惯。

刚才我说的英国大科学家洛奇先生，在实验室是严格的，出了实验室就不严格了。大科学家尚且如此！所以我们要注意，时时刻刻保持这种良好的习惯。

科学方法是怎么得来的呢？一个人有好的天资、好的家庭、好的学校、好的先生，在极好的环境当中，就可以养成了某种好的治学的习惯，也可以说是养成了好的做人的习惯。

比方明朝万历年间福建陈第先生，用科学方法研究中国的古音，证明衣服的"服"字古音读"逼"。他从古书里面，举出二十个证据来证明。过了几十年，江苏昆山的一个大思想家，也是大考据家，顾亭林先生，也作同样的考证；他举出一六二个证据来证明"服"字古音"逼"。那个时候，并没有归纳法、演绎法，但是他们从小就养成了某种做学问的好习惯。所以，我们要养成方法的自觉，最好是如临师保，如临父母，假设对方有律师在打击我，否认我提出的一切证据。这样就能养成良好的习惯。

　　宋人笔记中记有一个少年的进士问同乡老前辈："做官有什么秘诀？"那个老前辈是个参政（副宰相），约略等于现在行政院的副院长，回答道："做官要勤、谨、和、缓。"后人称为"做官四字诀"。我在小孩子的时候，就听到这个故事；当时没有注意。从前我们讲治学方法，讲归纳法，演绎法；后来年纪老一点了，才晓得做学问有成绩没有，并不在于读了"逻辑学"没有，而在于有没有养成"勤、谨、和、缓"的良好习惯。这四个字不但是做官的秘诀，也是良好的治学习惯。现在我把这四个字分别说明，作为今天演讲的结论。

　　第一，勤。勤就是不躲懒、不偷懒。我上次在台大讲演，提到台大前校长傅斯年先生两句口号："上穷碧落下黄泉，动手动脚找东西。"那就是勤。顾亭林先生的证明"服"字古音是"逼"，找出一六二个证据，也是勤。我花了几年的工夫来考证《醒世姻缘》的作者；又为"审判"《水经注》的案子，上天下地去找材料，花了五年多的工夫：这都是不敢躲懒的意思。

　　第二，谨。谨就是不苟且、不潦草、不拆滥污。谨也可以说是恭敬的"敬"。孔子说"执事敬"，就是教人做一件事要郑重的去做，不可以苟且。他又说"出门如见大宾，使民如承大祭，"都是敬事的意思。一点一滴都不苟且，一字一笔都不放过，就是谨。谨，就是"小心的求证"中的"小心"两个字。

　　刚才我引了赫胥黎的两句话："人生最神圣的一件举动，就是口里说出和心里觉得'我相信某件事物是真的'。"判断某人做贼，某人卖国，要以神圣的态度作出来；嘴里说这句话，心里觉得"相信是真的"。这真是要用孔夫子所谓"如见大宾，如承大祭"的态度的。所以，谨就是把事情看得严重，神圣；就是谨慎。

第三，和。和就是虚心，不武断，不固执己见，不动火气。做考据，尤其是用证据来判断古今事实的真伪、有无、是非，不能动火气。不但不正当的火气不能动，就是正义的火气也动不得。做学问要和平、虚心，动了肝火，是非就看不清楚。赫胥黎说："科学好像教训我们：你最好站在事实的面前，像一个小孩子一样；要愿意抛弃一切先入的成见，要谦虚的跟着事实走，不管它带你到什么危险的境地去。"这就是和。

第四，缓。宋人笔记："当那位参政提出'缓'字的时候，那些性急的人就抗议说缓要不得；不能缓。"缓，是很要紧的。就是叫你不着急，不要轻易发表，不要轻易下结论；就是说"凉凉去吧！搁一搁、歇一歇吧"！凡是证据不充分或不满意的时候，姑且悬而不断，悬一年两年都可以。悬并不是不管，而是去找新材料。等找到更好的证据的时候，再来审判这个案子。这是最重要的一点。许多问题，在证据不充分的时候，绝对不可以下判断。达尔文有了生物进化的假设以后，搜集证据，反复实验，花了二十年的工夫，还以为自己的结论没有到了完善的地步，而不肯发表。他同朋友通信，曾讨论到生物的演化是从微细的变异积聚起来的，但是总不肯正式发表。后来到了一八五八年，另外一位科学家华立氏（Wallace）也得到了同样的结论，写了一篇文章寄给达尔文；要达尔文代为提出。达尔文不愿自己抢先发表而减低华立氏发现的功绩，遂把全盘事情交两位朋友处理。后来这两位朋友决定，把华立氏的文章以及达尔文在一八五七年写给朋友的信和在一八四四年所作理论的撮要同时于一八五八年七月一日发表。达尔文这样谦让，固然是盛德，但最重要的是他给了我们一个"缓"的例子。他的生物进化论，因为自己觉得证据还没有十分充足，从开始想到以后，经过二十年还不肯发表；这就是缓。我以为缓字很重要。如果不能缓，也就不肯谨，不肯勤，不肯和了。

我今天讲的都是平淡无奇的话。最重要的意思是：做学问要能够养成"勤、谨、和、缓"的好习惯；有了好习惯，当然就有好的方法，好的结果。

第三讲　方法与材料

钱校长、各位先生、各位同学：

在三百多年以前，英国有一位哲学家叫做培根（Francis Bacon）。他可以说是鼓吹方法论革命的人。他有一个很有趣的譬喻；他将做学问的人运用材料比做三种动物。第一种人好比蜘蛛。他的材料不是从外面找来，而是从肚里面吐出来的。他用他自己无穷无尽的丝做成很多很好看的蜘蛛网。这种人叫做蜘蛛式的做学问的人。第二种人好比蚂蚁。他也找材料，但是找到了材料不会用，而堆积起来；好比蚂蚁遇到什么东西就背回洞里藏起来过冬，但是他不能够自己用这种材料做一番制造的工夫。这种做学问的人叫做蚂蚁式的学问家。第三种人可宝贵了，他们好比蜜蜂。蜜蜂飞出去到有花的地方，采取百花的精华；采了回来，自己又加上一番制造的工夫，成了蜜糖。培根说，这是做学问人的最好的模范——蜜蜂式的学问家。我觉得这个意思，很可以作为我今天讲"方法与材料"的说明。

在民国十七年（西历一九二八年），台大前任校长傅斯年先生同我两个人在同一年差不多同时发表了两篇文章。他那时并没有看见我的文章，我也没有看见他的文章。事后大家看见了，都很感兴趣，因为都是同样的注重在方法与材料之间的关系。傅先生那篇文章题目是"中央研究院历史语言研究所工作旨趣"。我那篇文章的题目是"治学的方法与材料"。都是特别提倡扩大研究的材料的范围，寻求书本以外的新材料的。

民国十五年，我第一次到欧洲，是为了去参加英国对庚子赔款问题的一个会议。不过那时候我还有一个副作用（我自己认为是主要的作用），就是我要去看看伦敦、巴黎两处所藏的史坦因（Stein）、伯希和（Pelliot）两位先生在中国甘肃省敦煌所偷去的敦煌石室材料。诸位想都听见过敦煌材料的故事，那是最近五十多年来新材料发现的一个大的来源。

在敦煌有一个地方叫千佛洞，是许多山洞。在这些山洞里面造成了许多庙，可以说是中古时期的庙。其中有一个庙里面有一个藏书楼——书库，原来是藏佛经的书库，就是后来报上常提起的"敦煌石室"。在这个书库里面藏有许多卷子——从前没有现在这样的书册，所有的书都是卷子。每一轴卷子都是把许多张纸用一种很妙的粘法连起来的。很妙的粘法！经过一千多年都不脱节，不腐蚀。这里面大概有一万多卷中国中古时代所写的卷子。有许多卷子曾由当时抄写的人写下了年月。照所记的年代来看，早晚相去约为六百年的长时期。我们可以说石室里面所藏的都是由五世纪初到十一世纪时的宝贝。这里面除了中国文字的经以外，还有一些少数的外国文字的材料。敦煌是在沙漠地带，从前叫沙洲，地方干燥，所以纸写的材料在书库里面经过了一千多年没有损坏。但是怎样能保存这么久没有被人偷去抢去呢？大概到了十一世纪的时候，敦煌有一个变乱，敦煌千佛洞的和尚都逃了。在逃走之前，把石室书库外面的门封起来，并且在上面画了一层壁画，所以不留心的人不知道壁画里面是门，门里面有书库，书库里面有一万多卷的宝贝。变乱经过很长的时期。平静了以后，千佛洞的和尚死的死了，老的老了，把书库这件事也忘了。这样便经过一个从十一世纪到十九世纪末年的长时期。到清末光绪庚子年，那时候中国的佛教已经衰败，敦煌千佛洞里面和尚没有了，住上了一个老道，叫王老道。有一天他要重整庙宇，到处打扫打扫；扫到石室前面，看到壁画后面好像有一个门；他就把门敲开，发现里面是一大堆佛经。这个王老道是没有知识的，发现了这一大堆佛经后，就告诉人说那是可以治病的。头痛的病人向他求医，他就把佛经撕下一些来烧了灰，给病人吞下，说是可以治头痛。王老道因此倒发了一笔小财。到了西历一九〇七年，英国探险家史坦因在印度组织了一个中亚细亚探险队，路过甘肃，听到了古经治病的传说，他就跑到千佛洞与王老道嘀咕嘀咕勾搭上了。只花了七十两银子，向王老道装了一大车的宝贝材料回到英国去。这一部分在英国伦敦大英博物馆内存着。史坦因不懂得中国文字，所以他没有挑选，只装了一大车走了。到了第二年——西历一九〇八年——，法国汉学家，一个了不得的东方学家，伯希和，他听说这回事，就到了中国，跑到王老道那里，也和王老道嘀咕嘀咕，没有记载说他花了多少钱，不过王老道很佩服他能够看得懂佛经上的中外文字，于是就让他拿。但是伯希和算盘很精，他要挑选；王老道就让他挑。所以他搬去的东西虽然少一点，但是还是最精萃的。伯希和挑了一些有年月材料和一些外文的材料，和许多不认识的梵文的经典，后来就从这些东西里面发现很重要的中文以外的中亚细亚的文字。这一部分东西，现藏在法国国家图书馆。这是第二部分。伯希和很天真，他从甘肃路过北京时，把在敦煌所得的材料，向中国学者请教。中国的学者知道这件事，就报告政府。那时候的学部——教育部的前身——，并没有禁止，任伯希和把他所得材料运往法国。只是打电报给甘肃，叫他们把所有石室里剩余的经卷都运到北京。那些卷子有的长达几丈，有的又很短。到这时候，大家都知道石室的古经是宝贝了。于是在路上以及起装之前，或起装当中，大家偷的偷，夹带的夹带。有时候点过了多少件，就有人将长的剪开凑数。于是这些宝贝又短了不少。运到北京后，先藏在京师图书馆。后来改藏在北平图书馆。这是第三部分。第四部分就是散在民间的。有的藏在中国学者手里，有的在中国的各处图书馆中，有的在私人收藏家手中，有的流落到日本人手中。这是第四部分。在一万多卷古经卷里面，只有一本是刻本的书，是一本《金刚经》，是在第一批被史坦因运到英国去了。那上面注有年代，是唐懿宗年间（西历八六八年）。这是世界上最早的有日子可以确定的刻本书。此外都是卷子，大概在伦敦有五千多卷，在巴黎有三千多卷，在北平的有六千多卷，散在中国与日本民间收藏家手中的不到一百卷。

那时候（民国十五年）我正在研究中国佛教史——中国哲学史。中国思想史的一部分。我研究到唐朝禅宗的时候，想写一部禅宗史。动手写不到一些时候，就感觉到这部书写不下去，就是因为材料的问题。那个时候我觉得我在中国所能够找到的材料，尤其是在十一世纪以后的，都是经过宋人篡改过的。在十一世纪以前，十世纪末叶的《宋高僧传》里面，偶然有几句话提到那个时代唐朝禅宗开始的几个大师的历史，与后来的历史有不同的地方。这个材料所记载的禅宗历史中，有一个最重要的和尚叫做神会。据我那时候所找到的材料的记载，这个神会和尚特别重要。

　　禅宗的历史是怎么样起来的呢？唐朝初年，在广东的韶州（现在的韶关），有一个不认字的和尚名叫慧能。这个和尚在南方提倡一种新的佛教教义，但是因为这个和尚不大认识字，他也没有到外边去传教，就死在韶州，所以还是一个地方性的新的佛教运动。但是慧能有一个徒弟，就是上面所讲的那个神会和尚。神会在他死后，就从广东出发北伐——新佛教运动的北伐，一直跑到河南的滑台。他在滑台大云寺的大庭广众中，指责当时在长安京城里面受帝王崇拜的几个大师都是假的。他说："他们代表一种假的宗派。只有我那个老师，在广东韶州的不认字的老师慧能，才是真正得到嫡派密传的。"慧能是一个獦獠——南方的一个民族。他说："从前印度的达摩到中国来，他开了一个新的宗派，有一件袈裟以为法信。这件袈裟自第一祖达摩传给第二祖，第二祖传给第三祖，第三祖传给第四祖，第四祖传给第五祖，都以袈裟为证。到了第五祖，宗派展开了，徒弟也多了，我的老师，那个不认识字的獦獠和尚，本是在第五祖的厨房里舂米的，但是第五祖觉得他懂得教义了，所以在半夜把慧能叫去，把法的秘密传给他，同时把传法的袈裟给他作为记号。后来他就偷偷出去到南方传布教义。所以我的老师才是真正嫡派的佛教的领袖第六祖。他已经死了，我知道他半夜三更接受袈裟的故事。现在的所谓'两京法祖三帝国师'（两京就是东京洛阳，西京长安；三帝就是武则天和中宗、睿宗），在朝廷受崇拜的那些和尚，都是假的。他们没有得到袈裟，没有得到秘密，都是冒牌的宗派。"神会这种讲演，很富有神秘性；听的人很多。起初在滑台；后来有他有势力的朋友把他弄到东京洛阳。他还是指当时皇帝所崇拜的和尚是假的，是冒牌的。因为他说话时，年纪也大了，口才又好，去听的人比今天还多。但是皇帝崇拜的那些和尚生气了，又因为神会说的故事的确动人，也感觉到可怕，于是就说这个和尚妖言惑众，谋为不轨，奏准皇帝，把神会流放充军。从东京洛阳一直流放到湖北。三年当中，换了三处地方，过着被贬逐的生活。但是在第三年的时候，安禄山造反，把两京都拿下了；唐明皇跑到四川。这时候由皇帝的一个太子在陕西、甘肃的边境灵武，组织一个临时政府，指挥军队，准备平定乱事。那时最重要的一件事，就是筹款解决财政问题。有那么多的军队，而两京又都失陷，到哪里去筹款呢？于是那时候的财政部长就想出一个方法，发钞票——这个钞票，不是现在我们用的这种钞票，而是和尚尼姑必须取得的度牒。——《水浒传》中，鲁智深杀了人，逃到赵员外家里；赵员外就为他买了度牒，让他做和尚。也就是这种度牒。——但是这个度牒，一定要有人宣传，才可以倾销。必须举行一个会，由很能感动人的和尚去说法，感动了许多有钱的人，这种新公债才有销路。就在那时候，被放逐三年的神会和尚跑了回来；而那些曾受皇帝崇拜的和尚们都已经跑走，投降了，靠拢了。神会和尚以八十岁的高龄回来，说："我来为国报效，替政府推销新的度牒。"据我那时候找到的材料的记载，这个神会和尚讲道的时候，有钱的人纷纷出钱，许多女人们甚至把耳环戒指都拿下来丢给他；没有钱的就愿意做和尚、做尼姑。于是这个推销政府新证券的办法大为成功。对于郭子仪、李光弼收复两京的军事，神会和尚筹款的力量是一个大帮助。当初被政府放逐的人，现在变成了拥护政府帮忙立功的大和尚。祸乱平定以后，皇帝就把他请到宫里去，叫工部赶快给神会和尚建造禅寺。神会死时，已九十多岁；替政府宣传时，已将近九十岁了。神会和尚不但代表新佛教北伐，做了北伐总司令，而且做了政府里面的公债推销委员会的主席。他功成身死以后，当时的皇帝就承认他为禅宗第七祖。当然他的老师那个南方不识字的獦獠和尚是第六祖了。那时候我得到的材料是如此。

神会虽然有这一段奋斗的历史，但在过了一二百年以后，他这一派并没有多少人。别的冒牌的人又都起来，个个都说是慧能的嫡派。神会的真真嫡派，在历史上没有材料了。所以当我在民国十五年到欧洲去的时候的副作用，就是要去找没有经过北宋人涂改过的真正的佛教史料。因为我过去搜集这些材料时，就知道有一部分材料在日本，另一部分也许还在敦煌石室里面保存。为什么呢？方才讲过，敦煌的卷子，是从五世纪起到十一世纪的东西。这六百多年恰巧包括我要找的时期，且在北宋人涂改史料以前；而石室里的材料，又差不多百分之九十九点九都是佛教材料。所以我要到伦敦、巴黎去，要找新的关于佛教的史料，要找神会和尚有没有留了什么东西在敦煌石室书库里面。这就是我方才说的副作用。到了英国，先看看大英博物院，头一天一进门就看见一个正在展览的长卷子，就是我要找的有关材料。后来又继续找了不少。我到法国的时候，傅斯年先生听说我在巴黎，也从德国柏林赶来。我们两个人同住一个地方，白天在巴黎的国家图书馆看敦煌的卷子，晚上到中国馆子吃饭，夜间每每谈到一两点钟。现在回忆起当时一段生活，实在是很值得纪念的。在巴黎国家图书馆不到三天，就看见了一段没有标题的卷子。我一看，知道我要的材料找到了；那就是神会的语录，他所说的话和所做的事。卷子里面常提到"会"；虽然那还是没有人知道过，我一看就知道是神会，我走了一万多里路，从西伯利亚到欧洲，要找禅宗的材料；到巴黎不到三天就找到了。过了几天，又发现较短的卷子，毫无疑义的又是与神会有关的。后来我回到英国，住了较长的时期，又发现一个与神会有关的卷子。此外还有与那时候的禅宗有关系的许多材料。我都照了相带回国来。四年之后，我在上海把它整理出版，题为《神会和尚遗集》。我又为神会和尚写了一万多字的传记。这就是中国禅宗北伐的领袖神会和尚的了不得的材料。我在巴黎发现这些材料的时候，傅先生很高兴。

　　我所以举上面这个例子，目的是在说明材料的重要。以后我还要讲一点同类的故事——加添新材料的故事。我们用敦煌石室的史料来重新撰写了禅宗的历史，可以说是考据禅宗最重要的一段。这也是世界所公认的。现在有法国的哲学家把我发现后印出来的书全部译成法文，又拿巴黎的原本与我编的校看一次。美国也有人专研究这一题目，并且也预备把这些材料译成英文。因为这些材料至少在中国佛教历史上是新的材料，可以纠正过去的错误，而使研究中国佛教史的人得一个新的认识。

就在那一年冬天，傅孟真先生从德国回到中国；回国不久，就往广东担任中山大学文学院院长，并办了一个小规模的历史语言研究所。后来又应蔡子民先生之邀，担任中央研究院历史语言研究所所长。不久，在《历史语言研究所集刊》第一本发表了一篇文章，题目叫做"历史语言研究所工作旨趣"。因为我们平常都是找材料的人，所以他那篇文章特别注重材料的重要。这里面有几点是在他死后他的朋友们所常常引用的。他讲到中国三百多年的历史学、语言学的考据与古韵古音的考据，从顾亭林、阎百诗这两个开山大师起，一直到十九世纪末年，二十世纪初年。在这三百多年当中，既然已经有人替我们开了一个新纪元，为什么到现在还这样倒霉呢？傅先生对于这个问题，提出了三个最精辟的解答：

一、凡是能直接研究材料的就进步；凡是不能直接研究材料，只能间接研究材料的，或是研究前人所研究的材料或者只能研究前人所创造的材料系统的就退步。

二、凡一种学问能够扩充或扩张他的研究材料的便进步；凡不能扩张他的材料的便退步。

三、凡一种学问能够扩充他作研究时所应用的工具的便进步；凡不能扩充他研究时应用的工具的便退步。（在这里，工具也视为材料的一种。）

所以傅先生在他这篇文章中的结论，认为中国历史学、语言学之所以能够在当年有光荣的历史，正是因为当时的顾亭林、阎百诗等大师能够开拓的用材料。后来所以衰歇倒霉，也正是因为题目固定了，材料不大扩充了，工具也不添新的了，所以倒霉下去。傅先生在那篇文章里为中央研究院历史语言研究所提出了三条工作旨趣：

一、保持顾亭林、阎百诗的遗训。要运用旧的新的材料，客观的处理实在的问题。因为解决问题而更发生新问题；因为新问题的解决更要求更多的材料。用材料来解决问题，运用旧的新的材料，客观地处理实在的问题，要保持顾亭林、阎百诗等在三百多年前的开拓精神。

二、始终就是扩张研究的材料，充分的扩张研究的材料。

三、扩充研究用的工具。

以上是傅先生在民国十七年——北伐还没有完成，北伐军事还没有结束的时候——就已经提出的意见。他在这篇文章里面还发表了一个很伟大的梦想。他说我们最注意的是求新的材料。所以他计划要大规模的发掘新材料：

第一步，想沿京汉路，从安阳到易州这一带去发掘。

第二步，从洛阳一带去发掘；最后再看情形一步一步往西走，一直走到中亚西亚去。在傅先生那一篇并不很长的"工作旨趣"里面，在北伐军革命事还没有完成的时候，他已经在那里做这样一个扩大材料的梦想。而在最近这二十年来，中央研究院在全国学术机关内，可以说充分做到了他所提出的三大旨趣。我虽然是中央研究院的一分子，却并不是在这里做广告。我们的确可以说，他那时所提出的工作旨趣，不但是全国，亦是全世界的学术界所应当惊异的。

我在民国十七年发表的一篇文章，题目是"方法与材料"，已收在《文存》第三集内，后来又收在《胡适文选》里面。我不必详细的讲它了。大意是说：材料可以帮助方法；材料的不够，可以限制做学问的方法；而且材料的不同，又可以使做学问的结果与成绩不同。在那篇文章里面，有一个比较表，拿西历一六〇〇年到一六七五年，七十五年间的这一段历史，与东方的那段七十多年间的历史相比较，指出中国和西方学者做学问的工作，因为所用材料的不同，成绩也有绝大的不同。那时正是傅先生所谓顾亭林、阎百诗时代；在中国那时候做学问也走上了一条新的路，走上了科学方法的路。方法也严密了；站在证据上求证明。像昨天所说的顾亭林要证明衣服的"服"字古音读作"逼"，找了一百六十个证据。阎百诗为《书经》这部中国重要的经典，花了三十年的工夫，证明《书经》中所谓古文的那些篇都是假的。差不多伪古文里面的每一句，他都找出它的来历。这种科学的求证据的方法。就是"大胆的假设，小心的求证"的方法。这种方法与西洋的科学方法，是同样的了不得的。

但是在同一时期，——在一六〇〇到一六七五年这一段时期，——西洋做学问的人是怎么样呢？在十七世纪初年，荷兰有三个磨玻璃的工匠，他们玩弄磨好的镜子，把两片镜片叠起来，无意中发明了望远镜。这个消息传出去以后，意大利的一位了不得的科学家伽利略（Galileo），便利用这一个原理，自出心裁的制造成一个当时欧洲最完美的最好的望远镜。从这个望远镜中发现了天空中许多新的东西。同时在北方的天文学家，开普勒（Kepler）正在研究五大行星的运行轨道。他对于五大行星当中火星的轨道，老是计算不出来，但是搜集了很多材料。后来开普勒就假设说，火星轨道不是平常的圆形的而是椭圆形的；不但有一个中心而且有两个中心。这真是大胆的假设；后来证实这个假设是对的，成为著名的火星定律。当时开普勒在北方，伽利略在南方，开了一个新的天文学的纪元。伽利略死了二三十年后，荷兰有一位磨镜工匠叫做李文厚（Leeuwenhoek）。他用简单的显微镜来看毛细管中血液的运行和筋腱的纤维。他看见了血球、精虫，以及细菌（一六七五年），并且绘了下来。我们可以说，微菌学是萌芽于西历一六七五年的。伽利略并且在物理学上开了新的纪元，规定了力学的几个基本原理。

就在伽利略去世的那一年（西历一六四二），一位绝大的天才科学家——牛顿（Newton）——在英国出世。他把开普勒与伽利略等人的发现，总结起来，做一个更大胆的假设，可以说是世界上有史以来最大胆的二、三个假设中的一个，就是所谓万有引力的定律。整个宇宙所有这些大的星，小的星，以及围绕着太阳的各行星（包括地球），所以能够在空中，各循着一定的轨道运行，是什么原因呢？就是因为万有引力的缘故。在这七十五年中，英国还有两位科学家我们必须提到的。一位是发明血液循环的哈维（Harvey），他的划时代的小书是一六二八年出版的。一位是了不起的化学家波耳（Boyle），他的在思想史上有名的著作《怀疑的化学家》是一六六一年出版的。

西方学者的学问工作，由望远镜、显微镜的发明，产生了力学定律、化学定律，出了许多新的天文学家、物理学家、化学家、生理学家。新的宇宙出现了。但是我们中国在这个时代，在学者顾亭林、阎百诗的领导下做了些什么呢？我们的材料是书本。顾亭林研究古韵，他的确是用新的方法，不过他所用的材料也还是书本。阎百诗研究古文《尚书》，也讲一点道理，有时候也出去看看，但是大部分的材料都是书本。这三百多年来研究语言学、文字学所用的材料都是书本。可是西方同他们同时代的人，像开普勒、伽利略、牛顿、哈维、波耳，他们研究学问所用的材料就不仅是书本；他们用作研究材料的是自然界的东西。从前人所看不清楚的天河，他们能够看清楚了；所看不见的卫星，他们能看见了；所看不出来的纤维组织，他们能看出来了。结果，他们奠定了三百多年来新的科学的基础，给人类开辟了一个新的科学的世界。而我们这三百年来在学问上，虽然有了了不起的学者顾亭林、阎百诗做引导，虽然可以说也有"大胆的假设，小心的求证"的方法，但是因为材料的不同，弄来弄去离不开书本，结果只有两部《皇清经解》做我们三百年来治学的成绩。这个成绩跟三百年来西方科学的成绩比起来，相差真不可以道里计。而这相差的原因，正可以说明傅先生的话：凡是能够扩充材料，用新材料的就进步；凡是不能扩充新的材料，只能研究旧的，间接的材料的就退步。我在那一篇文章里面有一张表，可以使我们从这七十五年很短的时间中，看出材料不但是可以限制了方法的使用，而且可以规定了研究的成绩如何。所以我那篇文章后面也有一个和傅先生相类似的意见，就是说：就纸上的考证学，也得要跳过纸上的材料——老的材料，去找新的材料，才可以创造出有价值的成绩。我那篇文章虽然没有他那一种远大的大规模的计划，但是也可以作为他那篇历史上很重要的宣言的小小注脚。我们的结论都是一样的；所不同的地方是我始终没有他那样大规模的梦想：做学问的团体研究，集团研究（Corporate Research）。培根在三百多年前曾有过这种梦想——找许多人来分工合作，大规模的发现新的真理，新的意思，新的原则，新的原理；在西洋各国已经逐渐实现了。中国方面，丁文江先生在北平创立了中国地质调查所，可以说是在北方的一个最重要的学术研究团体，为团体研究，以收集新材料开辟了一个新的领土。在民国十七年，中央研究院成立，尤其是历史语言研究所的成立，在中国的语言学、历史学、考古学、人类学各方面，充分的使用了傅先生的远大的见识，搜罗了全国第一流的研究人才、专家学者，实地去调查、去发掘。例如，安阳的十五次发掘，及其他八省五十五处的发掘，和全国各地语言语音的调查：这些工作，都是为扩充新的材料。除了地质调查所以外，历史语言研究所可以说是我们规模最大成绩最好的学术研究团体。我们也可以说，中国文史的学问，到了历史语言研究所成立以后才走上了完全现代化、完全科学化的大路，这是培根在三百年前所梦想的团体研究的一个大成绩。

不论团体研究也好，个人研究也好，做研究要得到好的成绩，不外上面所说的三个条件：一，直接的研究材料；二，能够随时随地地扩张材料；三，能够扩充研究时所用的工具。这是从事研究学问而具有成绩的人所通有的经验。

我在开始讲"治学方法"第一讲的时候，因为在一个广场中，到的人数很多，没有黑板，没有粉笔，所以只能讲一些浅显的小说考证材料。有些人认为我所举的例太不重要了。不过今天我还要和诸位说一说，我用来考证小说的方法，我觉得还算是经过改善的，是一种"大胆的假设，小心的求证"的方法。我可以引为自慰的，就是我做二十多年的小说考证，也替中国文学史家与研究中国文学史的人扩充了无数的新材料。只拿找材料做标准来批评，我二十几年来以科学的方法考证旧小说，也替中国文学史上扩充了无数的新证据。

我的第一个考证是《水浒传》。大家都知道《水浒传》是七十一回，从张天师开始到卢俊义做梦为止。但是我研究中国小说，觉得可以分为两大类。像《红楼梦》与《儒林外史》是第一类，是创造的小说。另一类是演变的小说；从小的故事慢慢经过很长时期演变扩大成为整部小说：像《水浒传》、《西游记》、《隋唐演义》、《封神榜》等这一类故事都是。我研究《水浒传》，发现是从《宣和遗事》这一本很小的小说经过很长的时期演变而来。在演变当中，《水浒传》不但有七十一回的，还有一百回的、一百二十回的。我的推想是：到了金圣叹的时候，他以文学的眼光，认为这是太长了；他是一个刽子手，又有文学的天才，就拿起刀来把后面的割掉了，还造出了一个说法，说他得到了一个古本，是七十一回的。他并且说《水浒传》是一部了不得的书，天下的文章没有比《水浒》更好的。这是文学的革命，思想的革命；是文学史上大革命的宣言。他把《水浒》批得很好，又做了一篇假的序，因此，金圣叹的《水浒》，打倒一切的《水浒》。我这个说法，那时候大家都不肯相信。后来我将我的见解，写成文章发表。发表以后，有日本方面做学问的朋友告诉我说：日本有一百回、一百二十回本的《水浒传》。后来我在无意中又找到了一百十五回本、一百二十四回本和一百十九回本。台大的李玄伯先生也找到一百回本。因为我的研究《水浒传》，总想得到新的材料，所以社会上注意到了，于是材料都出来了。这就是一种新材料的发现，也就是二十多年来因我的提倡考证而发现新的材料。

关于《红楼梦》，也有同样的情形。因为我提倡用新的观点考证《红楼梦》，结果我发现了两种活字版本，是乾隆五十六年和五十七年的一百二十回本。有人以为这个一百二十回本是最古的版本，但也有人说《红楼梦》最初只有八十回，后面四十回是一个叫做高鹗的人加上去的。他也编造了一个故事说：是从卖糖的担子中发现了古本。我因为对于这个解释不能满意，总想找新的材料证明是非，结果我发现了两部没有排印以前的抄本，就是现在印行出来的八十回本。

因为考证《红楼梦》的关系，许多大家所不知道的抄本出现了。此外，还有许多关于曹雪芹一家的传记材料。最后又发现脂砚斋的评本《红楼梦》；虽然不完全，但的确是最早的本子——就是现在我自己研究中的一本。后来故宫博物院开放了，在康熙皇帝的一个抽屉里发现曹雪芹的祖父曹寅的一大批秘密奏折。这个奏折证明当时曹家地位的重要。曹雪芹的曾祖、祖父、父亲、叔父三代四个人继续不断在南京做江宁织造五十年，并且兼两淮盐运使。这是当时最肥的缺。为什么皇帝把这个全国最肥的缺给他呢？因为他是皇帝的间谍，是政治特务，他替皇帝侦查江南地方的大臣，监视他们回家以后做些什么事，并且把告老回家的宰相的生活情形，随时报告皇帝。一个两江总督或江苏巡抚晋京朝圣，起程的头一天，江苏下雪或下雨；他把这个天气的情形用最快的方法传达给皇帝。等到那个总督或者巡抚到京朝见时，皇帝就问他"你起程的头一天江苏是下雪吗？"这个总督或巡抚听到皇帝的这个问话，当然知道皇帝对于各地方的情形是很清楚的，因此就愈加谨慎做事了。

我所以举《红楼梦》的研究为例；是说明如果没有这些新的材料，我们的考证就没有成绩。我研究这部书，因为所用的方法比较谨严，比较肯去上天下地动手动脚找材料，所以找到一个最早的"脂砚斋抄本"——曹雪芹自己批的本子，和一个完全的八十回的抄本，以及无疑的最早的印本——活字本，再加上曹家几代的传记材料。因为有这些新材料，所以我们的研究才能有点成绩。但是亦因为研究，我们得以扩张材料：这一点是我们可以安慰自己的。

此外如《儒林外史》，是中国的第一部小说。这本书是一个很有思想的吴敬梓做的。当我在研究时，还不知道作者吴敬梓是安徽全椒人。我为了考证他的人，要搜求关于他的材料。不到几个月的工夫，就找到了吴敬梓诗文集全集，后面还附有他儿子的诗。这厚厚的一本书，在书店中别人都不要的，我花一块半钱就买到了。这当时是一个海内孤本（我恐怕他失传，所以重印了几千册）。就拿这种考证来讲，方法与材料的关系是很重要的。如果没有材料，就没有法子研究；而因为考证时能够搜求材料，又可以增加了许多新材料。

我再用佛教史的研究说明扩张材料。我那年在英国大英博物院看敦煌卷子的时候，该院一位管理人员告诉我说：有一位日本学者矢吹庆辉刚刚照了许多卷子的影片带回去。后来矢吹庆辉做了一本书叫《三阶教》。这是隋唐之间佛教的一个新的研究；用的材料，一部分是敦煌的卷子，一部分是日本从唐朝得来的材料。

我搜求神会和尚的材料，在巴黎发现敦煌所藏的两个卷子。我把它印出来以后，不到三年，日本有位石井实先生，买到了一个不很长的敦煌的卷子，也是与神会和尚有关的材料。这个卷子和我所发现的材料比较起来，他的前面一段比我发现的少，后面一段比我发现的多。这个卷子，他也印出来了。另外一位日本学者铃木，也有一卷关于神会的卷子；这和我所发现的是一个东西，但是抄写的不同，有多有少，可以互相补充。因为考证佛教史中禅宗这个小小的问题，增添了上面所说的许多材料。

日本的矢吹先生在伦敦博物院把敦煌所藏的卷子照了许多影片带回日本以后，日本学者在这些照片里面发现了一件宝贝，就是上面讲到的，南方韶州地方不认识字的和尚，禅宗第六祖慧能的语录——《坛经》。这是从来没有的孤本，世界上最宝贵的本子。这本《坛经》只有一万一千言；在现在世界上流行的本子有二万二千言。这本《坛经》的出现，证明现在流行的《坛经》有百分之五十是后来的一千多年中和尚们你增一条，我添一章的加进去的，是假的。这也是佛教史上一个重要的发现。总之，因为我考证中国佛教新的宗派在八世纪时变成中国正统的禅宗的历史，我就发现了许多新的材料。

最后我感谢台湾大学给我这个机会——讲学。我很惭愧，因为没有充分准备。我最后一句话，还是我开头所说的"大胆的假设，小心的求证"。在求证当中，自己应当自觉的批评自己的材料。材料不满意，再找新证据。这样，才能有新的材料发现，有新材料才可以使你研究有成绩、有结果、有进步。所以我还是要提一提台大前任校长傅先生的口号："上穷碧落下黄泉，动手动脚找东西"。

谈谈实验主义

一九一九年五月演讲于江苏省教育学会

此番美国大教育家杜威博士到中国来，江苏省教育会请他明天、后天到这儿来演说，又因为我是他的学生，所以叫我今天晚上先来演讲。方才主席说我是杜威博士的高足弟子，其实我虽是他的弟子，那"高足"二字可也不敢当，不过今天先要在诸君面前把杜威博士的一派学说，稍稍演述一番，替他先开辟出一条道儿，再加些洒扫的功夫，使得明天诸君听杜威博士的演说有些头绪，那也是做弟子的应尽的职分。

我今天要讲的题目，是"实验主义"，英文中有人译做"实际主义"。我想这个名词也好用，并且实验主义在英文中，似当另为一个名词。那么，我何以要把实际主义改成实验主义呢？那也有个道理，原来实验主义的发达，是近来二十年间的事，并且分为几派，有欧洲大陆派，有英国派，有美国派。英国派是"人本主义"。他的意思是万事万物都要以人为本位，不可离开了人的方面空去说的，所以是非、有无、利害、苦乐，都是以人为根本的。美国派又分两派：一派就是"实际主义"，为杜威博士那一班人所代表的。一派是"工具主义"，这派把思想真理等精神的产物都看做应用的工具，和那用来写字的粉笔，用来喝茶的茶杯一样。以上各派，虽则互有不同，然而有一点是共同的，那就是注重实验，所以我今天的题目叫做"实验主义"。

我们要明白实验主义是什么东西，先要知道实验的态度究竟是怎么样。实验的态度，就是科学家在试验室里试验的态度，科学家当那试验的时候，必须先定好了一种假设，然后把试验的结果来证明这假设是否正当。譬如科学家先有了两种液体，一是红的，一是绿的。他定了一个假设，说这两种液体拼合起来是要变黄色的。然而这句话不是一定可靠，必须把他试验出来，看看拼合的结果是否黄色，再来判定那假设的对不对。实验主义所当取的态度，也就和科学家试验的态度一样。

既然如此，我敢说实验主义是十九世纪科学发达的结果。何以见得实验主义和科学有关系呢？那么，我们不可不先明白科学观念的两大变迁。

（一）科学律令。科学的律令，就是事物变化的通则，从前的人以为科学律令是万世不变，差不多可以把中国古时"天不变，道亦不变"的两句话，再续一句"科学律令亦不变"。然而五十年来，这种观念大为改变了。大家把科学律令看作假设的，以为这些律令都是科学家的假设，用来解释事变的。所以，可以常常改变。譬如几何学的定律说，从直线的起点上只有一条直线可以同原线平行；又说，三角形中的三个角相加等于二直角，这二律我们都以为不可破的。然而新几何学竟有一派说，从直线的起点上有无数的直线同原线平行。有的说，从直线的起点上没有一条直线可以同原线平行；有的说，三角形中的三角相加比二直角多；有的说，比二直角少。这些理论，都和现在几何学的律令不同，却也能"言之成理，持之有故"。连科学家也承认他们有成立的根据。不过照现在的境遇说，通常的几何学是最合应用，所以我们去从他的律令。假使将来发现现在的几何学不及那新几何学合用，那就要"以新代旧"了。我们对于科学律令的观念既改，那么研究科学的方法也改了，并且可以悟得真理不是绝对的。譬如我们所住的大地，起初人家以为是扁平的，日月星辰的出没，都因为天空无边，行得近些就见了，行得太远就不见了。这种说法现在看来固然荒谬，然而起初也都信为真理，后来事变发现得多了，这条真理不能解释他了。于是有"地圆"的一说，有"地球绕日"的一说，那就可见真理是要常常改变的。又譬如三纲五常，我们中国从前看做真理，但是这八年之中，三纲少了一纲，五常少了一常，也居然成个国家。那就可见不合时势的真理是要渐渐的不适用起来。

　　（二）生存进化。起初的人以为种类是不变的，天生了这样就终古是这个样儿。所以他们以为古时的牛就是现在的牛，古时的马就是现在的马。到了六十年前达尔文著《种源论》，才说明种类是要改变的。人类也是猿类变的，我们人类有史的时代虽只有几千年，而从有人类以来至少有一万万年，假使把这一万万年中的生物，从地质学考究起来，不晓得种类变得多少了，那种类变化的根本，就是"物竞天择，适者生存"八个字，再简单说一句，"就是适应环境"罢了。譬如这块地方阳光太大，生物就须变得不怕阳光。那块地方天气太冷，生物就须变得不怕寒冷。能够这样的变化方可生存，不能变的或变得不完全适合的难免淘汰。而且这种变化，除了天然以外，人力也可做到的。譬如养鸡养鸭，我们用了择种的法子，把坏的消灭了，好的留起来，那么数世之后只有好种了。又譬如种桃，我们用了接木的法子，把桃树的枝接到苹果树上去，一二年中就会生出特种的桃子。可见生存进化的道理，全在适应环境的变化。

　　上面我说了两大段的话，现在把他结束起来，就是：一、一切真理都是人定的。人定真理不可徒说空话，该当考察实际的效果。二、生活是活动的，是变化的，是对付外界的，是适应环境的。我们明白了这两个从科学得来的重要观念，方才可以讲到杜威博士一派的实际主义了。

　　杜威博士所主张的实际主义，我们分三种来讨论：一、方法论，二、真理论，三、实在论。

一、方法论。实验主义和政治、经济、社会、教育、学理的种种方面都有关系，就因为他的方法和个别方法不同。他的方法，简单说起来，就是不重空泛的议论，不慕好听的名词，注意真正的事实，采求试验的效果。我们把这三种方法应用到三方面去。

甲、应用到事物上去。我们要明白事物，必须先知道事物的真意义，不可因为晓得事物的名称就算完事。譬如瞎子，他也会说"白的""黑的"。但是叫他把两样物件中拣出那"白的"或"黑的"来，他就不能动手，因为他实在没有知道黑白的真意义。又譬如一个会说话的聋子，他也会说"小叫天""梅兰芳"，但是叫他说出小叫天或梅兰芳的声调怎样好法，他就不能开口，因为他并没有知道"谭迷""梅迷"的真意义。所以要明白事物，第一须知道事物对于我发生怎样的感觉。譬如"黑"在我身上的感觉是怎么样，"电灯"在我身上的感觉是怎么样。第二须知道我对于事物发生怎样的反动。譬如"黑"了我将怎么做，"空气不好"我将怎么做。若仅仅如孔子所说的"多识鸟兽草木之名"，那就和实际主义大相反背了。

乙、应用到意思上去。实验主义的学者，把凡所有的意思都看做假设，再去实验他的效果。譬如甲有一个意思说这样方可以齐家，乙有一个意思说那样方可以治国。我们都不可立刻以为是的或否的，先得试验他的结果是否可以如此。然后再去批评他，捷姆斯博士把意思看作银行的支票一样，倘若我的意思是可行的，行了出去竟得到我所预期的结果，那就好比兑现的支票一样，不然，那就是不兑现的支票了。所以在实验主义看来，意思都是假设的，都是要待人家去试验的。

丙、应用到信仰上去。信仰比意思更进一层了。意思是完全假设的，意思等到试验对了方成信仰，然而信仰并不一定是不易的，须得试验试验才好。譬如地球扁平的一说，当初也成为信仰，但是现在观察出来，地球并不是这样，所以这信仰就打破了。又譬如我们假使信仰上帝是仁慈的，但何以世界上有这样的大战，可见得信仰并非完全靠得住，必须把现在的事情实地去考察一番，方才见得这种信仰是否合理。迷信的是姑且勿论，就是普通社会的信条也未必是完全合情合理的，在实际主义看来，那都要待人试验的。

上面所说的实际主义方法的应用，和教育究竟有什么关系呢？这个问题的答案就是，教育事业当养成实事求是的人才，勿可专读死书，却去教实在的事物，勿可专被书中意思所束缚，却当估量这种意思是否有实际的效果；勿可专信仰前人的说话，却当去推求这些信条是否合于实情。

二、真理论。实验主义关于真理的论据，前面已经讲得不少了，此处所要说明的，就是"真理都是工具"一句话。譬如三纲五常从前在中国成为真理，就因为在宗法社会的时候，这个"纲常"的理论，实在可以被我们用作工具来范围人心，并且着实见些功效。到了现在社会的情形变了，这个"纲常"也好像是没用工具一般，只好丢去，另寻别的适用的工具了。既然如此，所以真理是常常改变的。捷姆斯博士说过，大凡真理都是替我们做过媒来的，都是替我们摆过渡来的，因为倘然我们发现了一种事物的变化，不能用旧时的真理去解释他，就不得不另创新的真理去解释。这种新的真理就是替我们和事变做媒摆渡，而旧理的做媒摆渡的功用失去了。所以实际主义对于真理的观念，是要养成主动的思想，去批评真理的，不是养成被动的思想，做真理的奴隶。譬如"不孝有三，无后为大"，"妇者服于人也"，这些话都是中国前代的真理，但是我们要考察这些真理是否合于现在社会的情形，然后来定他们的是非。

三、实在论。实在论就是宇宙论，也就是世界观，那是哲学的问题。照实际主义说，世界是人造的，所以各人眼光中的世界是大不相同，譬如同在一块地方，诗人的世界是风花水月之类，工人的世界是梁桥屋宇之类，各人有各人注意的所在，也就是各人有各人的世界，并且世界是由小而大的。各人的生活经愈增加，那世界的范围愈扩大，生活的乐趣也愈增加。所以实际主义学者的世界是实在的世界，不是空虚的世界。那佛教所创造的"极乐国"、"天堂"、"涅槃世界"、"极乐世界"等，都是空空洞洞不可捉摸的，并且他们看的世界是烦恼困苦，怕生活，怕经验，所以才创造这些世界来引诱人。但是实际主义学者像捷姆斯一班人都说世界是人造的，很危险的，很不平安的，人类该当由经验去找安乐，该当冒险去造世界。假使有上帝，那么仿佛上帝对我们说："我是不能为你们的安乐保险的，但是你们毕竟努力，或者可以得着安乐。"实际主义的意思是，以为唯有懦夫是不敢生活的，否则都应该在这实在世界中讨生活。

现在我把实验主义的要点缩起来做一总束，我们人类当从事实上求真确的知识，训练自己去利用环境的事物，养成创造的能力，去做真理的主人。

民国八年五月二日在上海讲

（杜威博士到上海的第二天）

一八七二年一月十日，达尔文校完了他的《物类由来》第六版的稿子。这部思想大革命的杰作，已出版了十三年了。他的《人类由来》（*The Descent of Man*）也出版了一年了。《物类由来》出版以后，欧美的学术界都受了一个大震动。十二年的激烈争论，渐渐的把上帝创造的物种由来论打倒了，故赫胥黎（Huxley，1825—1895）在一八七一年曾说，"在十二年中，《物类由来》在生物学上做到了一种完全的革命，就同牛敦的 Principia 在天文学上做到的革命一样"。但当时的生物学者及一般学者虽然承认了物种的演化，还有许多人不肯承认人类也是由别的物种演化出来的。人类由来的主旨只是老实指出人类也是从猴类演化出来的。这部书居然销售很广，而且很快：第一年就销了二千五百部。这时候，德国的赫克尔（Haeckel）也在他的 *Naturliche Schopfungs Geschichte* 里极力主张同样的学说。当日关于这个问题——物类的演化——的争论，乃是学术史上第一场大战争。十年之后（一八八二），达尔文死时，英国人把他葬在荀司敏德大寺里，与牛敦并列，这可见演化论当日的胜利了。

一八七二年六版的《物类由来》，乃是最后修正本。达尔文在这一版的页四二四里，加了几句话：

前面的几段，以及别处，有几句话，隐隐的说自然学者相信物类是分别创造的。很有人说我这几句话不该说。但我不曾删去他们，因为他们的保存可以纪载一个过去时代的事实。当此书初版时，普通的信仰确是如此的。现在情形变了，差不多个个自然学者承认演化的大原则了。（《达尔文传》二，三三二）

当一八五九年《物种由来》初出时，赫胥黎在《太晤士报》上作了一篇有力的书评，最末的一节说：

达尔文先生最忌空想，就同自然最怕虚空的一样（"自然最怕虚空" Nature abhors a vacuum 乃是谚语）。他搜求事例的殷勤，就同一个法学者搜求例案一样。他提出的原则，都可以用观察与实验来证明的。他要我们跟着走的路，不是一条用理想的蜘蛛网丝织成的云路，乃是一条用事实砌成的大桥。那么，这条桥可以使我渡过许多知识界的陷坑；可以引我们到一个所在，那个所在没有那些虽妖艳动人而不生育的魔女——叫做最后之因的——设下的陷人坑。古代寓言里说一个老人最后吩咐他的儿子的话是："我的儿子，你们在这葡萄园里掘罢。"他们依着老人的话，把园子都掘遍了；他们虽不曾寻着窖藏的金，却把园地锄遍了，所以那年的葡萄大熟，他们也发财了。（《赫胥黎论文》，二，页一一〇）

这一段话最会形容达尔文的真精神。他在思想史的最大贡献就是一种新的实证主义的精神。他打破了那求"最后之因"的方法，使人们从实证的方面去解决生物界的根本问题。

达尔文在科学方面的贡献，他的学说在这五十年中的逐渐证实与修正，——这都是五十年的科学史上的材料，我不必在这里详说了。我现在单说他在哲学思想上的影响。

达尔文的主要观念是："物类起于自然的选择，起于生存竞争里最适宜的种族的保存。"他的几部书都只是用无数的证据与事例来证明这一个大原则。在哲学史上，这个观念是一个革命的观念，单只那书名——《物类由来》——把"类"和"由来"连在一块，便是革命的表示。因为自古以来，哲学家总以为"类"是不变的，一成不变就没有"由来"了。例如一粒橡子，渐渐生根发芽，不久满一尺了，不久成小橡树了，不久成大橡树了。这虽是很大的变化，但变来变去还只是一株橡树。橡子不会变成鸭脚树，也不会变成枇杷树。千年前如此，千年后也还如此。这个变而不变之中，好像有一条规定的路线，好像有一个前定的范围，好像有一个固定的法式。这个法式的范围，亚里士多德叫他做"哀多斯"（Eidos），平常译作"法"。中古的经院学者译作"斯比西斯"（Species），正译为"类"（关于"法"与"类"的关系，读者可参看胡适《中国哲学史大纲》上卷，页二〇六）。这个变而不变的"类"的观念，成为欧洲思想史的唯一基本观念。学者不去研究变的现象，却去寻现象背后的那个不变的性。那变的，特殊的，个体的，都受人的轻视；哲学家很骄傲的说："那不过是经验，算不得知识。"真知识须求那不变的法，求那统举的类，求那最后的因（亚里士多德的"法"即是最后之因）。

十六七世纪以来，物理的科学进步了，欧洲学术界渐渐的知道注重个体的事实与变迁的现象。三百年的科学进步，居然给我们一个动的变的宇宙观了。但关于生物，心理，政治的方面，仍旧是"类不变"的观念独占优胜。偶然有一两个特别见识的人，如拉马克（Lamarck）之流，又都不能彻底。达尔文同时的地质学者，动物学者，植物学者，都不曾打破"类不变"的观念。最大的地质学家如来尔（Lyell）——达尔文的至好朋友，——何尝不知道大地的历史上一个时代有一个时代的生物？但他们总以为每一个地质的时代的末期必有一个大毁坏，把一切生物都扫去；到第二个时代里，另有许多新物类创造出来。他们始终打不破那传统的观念。

达尔文不但证明"类"是变的，而且指出"类"所以变的道理。这个思想上的大革命在哲学上有几种重要的影响。最明显的是打破了有意志的天帝观念。如果一切生物全靠着时时变异和淘汰不适于生存竞争的变异，方才能适应环境，那就用不着一个有意志的主宰来计划规定了。况且生存的竞争是很惨酷的；若有一个有意志的主宰，何以生物界还有这种惨剧呢？当日植物学大家葛雷（Asa Gray）始终坚持主宰的观念。达尔文曾答他道：

> 我看见了一只鸟，心想吃他，就开枪把他杀了：这是我有意做的事。一个无罪的人站在树下，触电而死，难道你相信那是上帝有意杀了他吗？有许多人竟能相信；我不能信，故不信。如果你相信这个，我再问你：当一只燕子吞了一个小虫，难道那也是上帝命定那只燕子应该在那时候吞下那个小虫吗？我相信那触电的人和那被吞的小虫是同类的案子。如果那人和那虫的死不是有意注定的，为什么我们偏要相信他们的"类"的初生是有意的呢？（《达尔文传》第一册，页二八四）

我们读惯了《老子》"天地不仁"的话，《列子》鱼鸟之喻，王充的自然论，——两千年来，把这种议论只当耳边风，故不觉得达尔文的议论的重要。但在那两千年的基督教威权底下，这种议论确是革命的议论；何况他还指出无数科学的事实做证据呢？

但是达尔文与赫胥黎在哲学方法上最重要的贡献，在于他们的"存疑主义"（Agnosticism）。存疑主义这个名词，是赫胥黎造出来的，直译为"不知主义"。孔丘说："知之为知之，不知为不知，是知也。"这话确是"存疑主义"的一个好解说。但近代的科学家还要进一步，他们要问，"怎样的知，才可以算是无疑的知？"赫胥黎说，只有那证据充分的知识，方才可以信仰，凡没有充分证据的，只可存疑，不当信仰。这是存疑主义的主脑。一八六〇年九月，赫胥黎最钟爱的儿子死了，他的朋友金司莱（Charles Kinsley）写信来安慰他，信上提到人生的归宿与灵魂的不朽两个大问题。金司莱是英国文学家，很注意社会的改良，他的人格是极可敬的，所以赫胥黎也很诚恳的答了他　封几千字的信（《赫胥黎传》一，页二三三—二三九）。这信是存疑主义的正式宣言，我们摘译几段如下：

　　……灵魂不朽之说，我并不否认，也不承认。我拿不出什么理由来信仰他，但是我也没有法子可以否认他。……我相信别的东西时，总要有证据；你若能给我同等的证据，我也可以相信灵魂不朽的话了。我又何必不相信呢？比起物理学上"质力不灭"的原则来，灵魂的不灭也算不得什么稀奇的事。我们既知道一块石头的落地含有多少奇妙的道理，决不会因为一个学说有点奇异就不相信他。但是我年纪越大，越分明认得人生最神圣的举动是口里说出和心里觉得"我相信某事某物是真的"。人生最大的报酬和最重的惩罚都是跟着这一桩举动走的。这个宇宙，是到处一样的；如果我遇着解剖学上或生理学上的一个小小困难，必须要严格的不信任一切没有充分证据的东西，方才可望有成绩；那么，我对于人生的奇秘的解决，难道就可以不用这样严格的条件吗？用比喻或猜想来同我谈，是没有用的，我若说，"我相信某条数学原理"，我自己知道我说的是什么：够不上这样信仰的，不配做我的生命和希望的根据。……

　　……科学好像教训我"站在事实面前像个小孩子一样；要愿意抛

弃一切先入的成见；谦卑的跟着'自然'走，无论他带你往什么危险地方去：若不如此，你决不会学到什么。"自从我决心冒险实行他的教训以来，我方才觉得心里知足与安静了。……我很知道，一百人之中就有九十九人要叫我做"无神主义者"（Atheist），或他种不好听的名字。照现在的法律，如果一个最下等的毛贼偷了我的衣服，我在法庭上宣誓起诉是无效的（一八六九以前，无神主义者的宣誓是无法律上的效用的）。但是我不得不如此。人家可以叫我种种名字，但总不能叫我"说谎的人"。……

这种科学的精神，——严格的不信任一切没有充分证据的东西——就是赫胥黎叫做"存疑主义"的。对于宗教上的种种问题持这种态度的，就叫做"存疑论者"（Agnostic）。达尔文晚年也自称为"存疑论者"。他说：

科学与基督无关，不过科学研究的习惯使人对于承认证据一层格外慎重罢了，我自己是不信有什么"默示"（Revelation）的。至于死后灵魂是否存在，只好各人自己从那些矛盾而且空泛的种种猜想里去下一个判断了。（《达尔文传》一，页二七七）

他又说：

我不能在这些深奥的问题上面贡献一点光明。万物缘起的奇秘是我们不能解决的。我个人只好自居于存疑论者了。（同书，一，页二八二）

这种存疑的态度，五十年来，影响于无数的人。当我们这五十年开幕时，"存疑主义"还是一个新名词；到了一八八八年至一八八九年，还有许多卫道的宗教家作论攻击这种破坏宗教的邪说，所以赫胥黎不能不正式答辩他们。他那年作了四篇关于存疑主义的大文章：

一、论存疑主义，

二、再论存疑主义，

三、存疑主义与基督教，

四、关于灵异事迹的证据的价值。

此外，他还有许多批评基督教的文字，后来编成两厚册，一册名为《科学与希伯来传说》，一册名为《科学与基督教传说》（《赫胥黎论文》，卷四，卷五）。这些文章在当日思想界很有廓清摧陷的大功劳。基督教当十六七世纪时，势焰还大，故能用威力压迫当日的科学家。葛里略（Galileo）受了刑罚之后，笛卡尔（Descartes）就赶紧把他自己的《天论》毁了。从此以后，科学家往往避开宗教，不敢同他直接冲突。他们说，科学的对象是物质，宗教的对象是精神，这两个世界是不相侵犯的。三百年的科学家忍气吞声的"敬宗教而远之"，所以宗教也不十分侵犯科学的发展。但是到了达尔文出来，演进的宇宙观首先和上帝创造的宇宙观起了一个大冲突，于是三百年来不相侵犯的两国就不能不宣战了。达尔文的武器只是他三十年中搜集来的证据。三十年搜集的科学证据，打倒了二千年尊崇的宗教传说！这一场大战的结果，——证据战胜了传说，——遂使科学方法的精神大白于世界。赫胥黎是达尔文的作战先锋（因为达尔文身体多病，不喜欢纷争），从战场上的经验里认清了科学的唯一武器是证据，所以大声疾呼的把这个无敌的武器提出来，叫人们认为思想解放和思想革命的唯一工具。自从这个"拿证据来"的喊声传出以后，世界的哲学思想就不能不起一个根本的革命，——哲学方法上的大革命。于是十九世纪前半的哲学的实证主义（Positivism）就一变而为十九纪末年的实验主义（Pragmatism）了。

十一，九，五

中学生的修养与择业

一九五二年十二月二十七日演讲于台湾台东县欢迎会

今天我应该讲些什么？事先曾请教吴县长，师范刘校长和同来的几位朋友，他们以今天到场的大多数是青年朋友们，也有青年朋友们的父兄，因此要我讲讲中等教育的东西。同时，我到过的地方，许多朋友常常问我中学生应注重什么？中学毕业后，升学的应该怎样选科？到社会里去的应该怎样择业？我是不懂教育的，不过年纪大些，并且自己也是经过中学大学出来的，同时看到朋友们与我们自己的子弟经过中学，得到一点认识，愿意将自己的认识提出来供大家的参考，今天讲的题目，就是："中学生的修养与中学生的择业。"

中学生的修养应注意两点：

一、工具的求得。中学生大概是从十二岁的幼年到十八岁的青年，这个时期是决定他将来最重要的一个时期。求知识与做人、做事的工具，要在这个时期求得。古人说："工欲善其事，必先利其器，"中学生要将来有成就，便应该注意到"求工具"——学业上，事业上，求知识上所需要的工具。求工具的目标有二：一是中学毕业后无力升学要到社会里去就业；一是继续升学。

第一种工具是语言文字。不论就业升学，以我个人的经验和观察所得，语言文字是最需要的工具。在中学里不仅应该学好本国的语言文字，最好能多学一二种外国的语言文字。它是就业升学的钥匙，能为我们打开知识的门。多学得一种语言，等于辟开一个新的花园、新的世界。语言文字，可以说是中学时期应该求得的工具当中非常重要的了。在中学时期如果没有打好语言文字的基础，以后做学问非常的困难。而且过了这个时期，很少能够把语言文字弄好的。

第二种工具是科学的基本知识。许多人都说学了数学，将来没有什么用处，这是错误的。数学是自然科学重要的钥匙，如果不能把这个重要的钥匙——数学，与物理学、化学、生物学、矿物学、植物学等，在中学时期学好，则不能求得新的知识。所以中学时期最重要的，是把这些基本知识弄好。

青年们在学校里对于各种基本科学，不能当它是功课，是学校课程里面需要的功课，应该把它当成求知识、做学问、做人的工具，必不可少的工具。拿工具这个观念来看课程，课程便活了。拿工具这个观念来批评课程，可以得到一个标准。首先看看哪些功课够得上作工具，并分出哪些功课是求知识做学问的工具，哪些功课是做人的工具。哪些功课是重要，哪些功课是次要。同时拿工具这个观念来督促自己，来分别轻重缓急。先生的教法，也可以拿工具这个观念来衡量，哪种教法是死的笨的，请先生改良，哪些应该特别注重，请先生注意。我这个话，不是叫学生对先生造反，而是请先生以工具来教，不要死板的照课本讲，这样推动先生，可以使得先生从没有精神提起精神，不是造反而是教学相长，不把功课当作功课看，把它当作必须的工具看。拿工具的观念看功课，功课便是活的，这一点也可以说是中学生治学的方法。

二、良好习惯的养成。良好习惯的养成，即普通所谓的人品教育，品性人格的陶冶。教育学家心理学家都告诉我们说：人品性格是习惯的养成，好的品格是好的习惯养成。中学生是定型的阶段，中学生时期与其注重治学的方法，毋宁提倡良好习惯的养成。一个人的坏习惯在中学还可纠正，假使在中学里不能养成良好的习惯，这个人的前途便算完了，在大学里不会是个好学生，在社会里不会是个有用的人才。我愿在这里提醒青年学生们的注意，也请学生的父兄教师们注意。

我们的国家以前专注重文字教育，读书人的指甲蓄得很长，手脸都是白白的，行动是文绉绉的，读书可以从"学而时习之"背诵起，写文章摇摇摆摆地会写出许多好听的词句来，可是他们是无用的，不能动手，也不能动脚，连桌凳有一点坏了，也不能拿起斧头钉子来修理。这种只能背书写文章的读书人就是没有养成良好的习惯——动手动脚的习惯。

我在台湾大学讲"治学方法"时，讲到一个故事：宋时有一新进士请教老前辈做官的秘诀，老前辈告诉他四个字：勤谨和缓。这四个字，大家称为做官秘诀，我把它看作做人、做事、做学问的秘诀。简单的分别说：

勤，就是不偷懒，不走捷径，要切切实实，辛辛苦苦的去作。要用眼睛的用眼睛，用手的用手，用脚的用脚，先生叫你找材料，你就到应该到的地方去找。叫你找标本，你就到田野，到树林里去找。无论在实验室里，在自然界里，都不要偷懒，一点一滴的去作。

谨，就是谨慎，不粗心，不苟且。以江浙的俗话来说，不拆滥污。写字，一点、一横都不放过；写外国字，i 的一点、t 的一横，也一样的不放过。做数学，一个圈，一个小数点都不可苟且。不要以为这是小事情，做小事关系天下的大事，做学问关系成败，所以细心谨慎，是必须要养成的习惯。

和，就是不要发脾气，不要武断。要虚心，要和和平平。什么叫做虚心？脑筋不存成见，不以成见来观察事，不以成见来对待人。就做学问来说：要以心平气和的态度来做化学、数学、历史、地理，并以心平气和的态度来学语文。无论对事、对人，对物、对问题、对真理，完全是虚心的，这叫做和。

缓，这个字很重要。"缓"的意思是不要忙，不轻易下一个结论。如果没有缓的习惯，前面三个字就不容易做到。譬如找证据，这是很难的工作，如果要几点钟缴卷，就不能做到"勤"的工夫。忙于完成，证据不够，不管它了，这样就不能做到"谨"的工夫；匆匆忙忙的去做，当然不能做到"和"的工夫。所以证据不够，应当悬而不断，就是姑且先挂在那里。悬而不断，并不是叫你搁下来不管，是要你勤，要你谨，要你和。缓，就是南方人说的"凉凉去吧"。缓的意思，是要等着找到了充分的证据，然后根据事实来下判断。无论做学问、做事、做官、做议员，都是一样的。大家知道治花柳病的名药"六零六"吧？什么叫"六零六"呢？经过六百零六次的试验才成功的。"九一四"则试验了九百一十四次。达尔文的生物进化论认为，动植物的生存进化与环境有绝大的关系，也费了三十年的工夫，到四海去搜集标本和研究，并与朋友们往复讨论。朋友们都劝他发表，他仍然不肯。后来英国皇家学会收到另一位科学家华莱士的论文，其结论与达尔文的一样，朋友们才逼着达尔文把研究的结论公布，并提出与朋友们讨论的信件，来证明他早已获得结论，于是皇家学会才决定同华莱士的论文同时发表。达尔文这种持重的态度，不是缺点，是美德，这也是科学史上勤、谨、和、缓的实例。值得我们去想想，作为榜样，尤其青年学生们要在中学里便养成这种习惯。有了这种好习惯，无论是做人、做事、做学问，将来不怕没有成就。

中学生高中毕业后，面临的问题是继续升学或到社会去找职业。升学应如何选科？到社会去如何择业？简单的说，有两个标准：

一、社会的标准。社会上所需要的，最易发财的，最时髦的是什么？这便是社会的标准。台湾大学钱校长告诉我说，今年台大招生，投考学生中外文成绩好的都投考工学院，尤其是考电机工程、机械工程和特多，考文史的则很少，因为目前社会需要工程师，学成后容易得到职业而且待遇好。这种情形，在外国也是一样的，外国最吃香的学科是原子能、物理学和航空工程，干这一行的，最受欢迎，最受优待。

二、个人的标准。所谓个人的标准，就是个人的兴趣、性情、天才近哪门学科，适于哪一行业。简单的说，能干什么。社会上需要工程师，学工程的固不忧失业，但个人的性情志趣是否与工程相合？父母、兄长、爱人都希望你学工程，而你的性情志趣，甚至天才，却近于诗词、小说、戏剧、文学，你如迁就父母、兄长、爱人之所好而去学工程，结果工程界里多了一个饭桶，国家社会失去了一个第一流的诗人、小说家、文学家、戏剧学家，不是可惜了吗？所以个人的标准比社会的标准重要。因为社会标准所需要的太多，中国人常说社会职业有三百六十行，这是以前的说法，现在何止三百六十行，也许三千六百行，三万六千行都有，三千六百行，三万六千行，行行都需要。社会上需要建筑工程师，需要水利工程师，需要电力工程师，也需要大诗人、大美术家、大法学家、大政治家，同时也需要做新式马桶的工人。能做新式马桶的，照样可以发财。社会上三万六千行，既是行行都需要，一个人决不可能会做每行的事，顶多会二三行，普通都只能会一行的。在这种情形之下，试问是社会的标准重要，还是个人的标准重要？当然是个人的重要！因此选科择业不要太注重社会上的需要，更不要迁就父母、兄长、爱人的所好。爸爸要你学赚钱的职业，妈妈要你学时髦的职业，爱人要你学社会上有地位的职业，你都不要管他，只问你自己的性情近乎什么？自己的天才力量能做什么？配做什么？要根据这些来决定。

历史上在这一方面，有很好的例子。意大利的伽利略是科学的老祖宗，是新的天文学家，新的物理学家的老祖宗。他的父亲是一个数学家，当时学数学的人很倒霉。在伽利略进大学的时候（三百多年前），他父亲因不喜欢数学，所以要他学医，可是他读医科，毫无兴趣。朋友们以他的绘画还不坏，认为他有美术天才，劝他改学美术，他自己也颇以为然。有一天他偶然走过雷积教授替公爵府里面做事的人补习几何学的课室，便去偷听，竟大感兴趣，于是医学不学了，画也不学了，改学他父亲不喜欢的数学。后来替全世界创立了新的天文学、新的物理学，这两门学问都建筑于数学之上。

最后说我个人到外国读书的经过。民国前二年，考取官费留美，家兄特从东三省赶到上海为我送行，以家道中落，要我学铁路工程，或矿冶工程。他认为学了这些回来，可以复兴家业，并替国家振兴实业；不要我学文学、哲学，也不要学做官的政治法律，说这是没有用的。当时我同许多人谈这个问题。以路矿都不感兴趣，为免辜负兄长的期望，决定选读农科，想做科学的农业家，以农报国。同时美国大学农科，是不收费的，可以节省官费的一部分，寄回补助家用。进农学院以后第三个星期，接到实验系主任的通知，要我到该系报到实习。报到以后，他问我："你有什么农场经验？"我说："我不是种田的。"他又问我："你做什么呢？"我说："我没有做什么，我要虚心来学，请先生教我。"先生答应说："好。"接着问我洗过马没有，要我洗马。我说："我们中国种田，是用牛不是用马。"先生说："不行。"于是学洗马，先生洗一半，我洗一半。随即学驾车，也是先生套一半，我套一半。做这些实习，还觉得有兴趣。下一个星期的实习，为包谷选种，一共有百多种，实习结果，两手起了泡，我仍能忍耐，继续下去，一个学期结束了，各种功课的成绩都在八十五分以上。到了第二年，成绩仍旧维持到这个水准。依照学院的规定，各科成绩在八十五分以上的，可以多选两个学分的课程，于是增选了种果学。起初是剪树、接种、浇水、捉虫，这些工作，也还觉得有兴趣。在上种果学的第二学期，有两小时的实习苹果分类，一张长桌，每个位子分置了四十个不同种类的苹果，一把小刀，一本苹果分类册，学生们须根据每个苹果的长短，开花孔的深浅、颜色、形状、果味和脆软等标准，查对苹果分类册，分别其类别（那时美国苹果有四百多类，现恐有六百多类了），普通名称和学名。美国同学都是农家子弟，对于苹果的普通名称一看便知，只需在苹果分类册里查对学名，便可填表缴卷，费时甚短。我和一位郭姓同学则须一个一个的经过所有检别的手续，花了两小时半，只分类了二十个苹果，而且大部分是错的。晚上我对这种实习起了一种念头：我花了两小时半的时间，究竟是在干什么？中国连苹果种子都没有，我学它什么用处？自己的性情不相近，干吗学这个？这两个半钟头的苹果实习使我改行，于是，决定离开农科，放弃一年半的时间（这时我已上了一年半的课），牺牲了两年的学费，不但节省官费补助家用已不可能，维持学业很困难，以后我改学文科，学哲学、政治、经济、文学。在没有回国时，与朋友们讨论文学问题，引起了中国的文学革命运动，提倡白话，拿白话作文，作教育工具，这与农场经验没有关系，与苹果学没有关系，是我那时的兴趣所在。我的玩意儿对国家贡献最大的便是文学的"玩意儿"，我所没有学过的东西。最近研究《水经注》（地理学的东西）。我已经六十二岁了，还不知道我究竟学什么？都是东摸摸，西摸摸，也许我以后还要学学水利工程亦未可知，虽则我现在头发都白了，还是无所专长，一无所成。可是我一生很快乐。因为我没有依社会需要的标准去学时髦。我服从了自己的个性，根据个人的兴趣所在去做，到现在虽然一无所成，但是我生活得很快乐，希望青年朋友们，接受我经验得来的这个教训，不要问爸爸要你学什么，妈妈要你学什么，爱人要你学什么。要问自己性情所近，能力所能做的去学。这个标准很重要，社会需要的标准是次要的。

第三章

青春志

学校固然不是造人才的唯一地方，但在学生时代的青年却应
该充分地利用学校的环境与设备来把自己铸造成个东西。

一　"五四"运动之背景

中国加入欧战时，全国国民，皆抱负极大希望，以为从此以后，对外赔款，可以停付，——至少可以停付五年；治外法权，可以废止；关税主权，可以收回。当时，日本人已先中国数年，加入战争，派遣军舰，专与东方的德国势力为难；接收青岛，续办胶济路，所有德国人在华的势力，居然落到他们手中去了。彼时中国人尚不如何着急，因为日本政府曾有表示，望此次接收，不过暂时之事，将来"终究归还中国"；不料到了第二年——一九一五年，日本非独不把山东方面的权利，交还中国，抑且变本加厉，增制许多条件，向中国下"哀的美敦书"，强迫中国承认，中国无法，只能于五月九日签字承认。于是中日二国的感情，越弄越坏，坏到不可收拾了。

中国正式加入欧战，是一九一七年。前此之时，虽有华工协助协约国与德国开衅；但未经中国政府正式表示，到了一九一七年，中国政府，公然向德绝交，向德开战。翌年十一月十一日，德国终于失败了，一种代表军国主义和武力侵略主义的势力，终于被比较民治化的势力屈服了，欧战遂此告终。全世界人皆大庆祝此双十一节，中国自亦受其影响。十一月十七那一天，所有北京城内的学校，一律停课，数万学生，结队游行，教育部且发起提灯大会，四五万学生，手执红灯，高呼口号，不可谓非中国教育界第一创举。影响所及，遂为以后的"五四"运动埋下一种子；故虽谓"五四"运动，直接发源于此次五六万人的轰轰烈烈的大游行，亦无不可。非独此也，教育部且于天安门一带，建筑临时讲台，公开演讲。事后北大停课三天，要求教育部把此临时讲台，借给北大师生，继续演讲三天。演讲时间，每人限以五分钟，其实，每人亦只能讲五分钟，因为彼时风吹剧烈，不到五分钟，讲员的喉咙，已发哑声，虽欲继续，亦无能为力了。因此，各人的演词，非常简括，却又非常精彩。此后在《新青年》杂志上所发表的如蔡元培的《劳工神圣》和我的《非攻》等篇，皆为彼时演词之代表。但有人要问，我们为什么要如此做呢？原来彼时北京政府，"安福俱乐部"初自日本借到外债六万万元，一时扬武耀威，非常得意。我们见之，虽有非议，亦无法可想，彼时既有教育部首先出来举行公开演讲，我们亦落得借此机会，把我们的意见，稍微发泄发泄。后来，我因母丧离开北京，故未得亲自参加这个大运动的后半剧。

　　一九一九年一月十八日，交战诸国开和平会议于法国 Versailles 宫中，中国人参加者，有政府的代表，有各政党的代表，又有用私人名义去参加者，以为美国威尔逊总统的十四点，必可实行，中国必能在和会之中，占据许多利益；至少，山东问题，必能从和会中得着满意的解决。然而威尔逊毕竟是一个学者的理想家，在政治上玩把戏，哪里敌得过英国的路易乔治（David Lloyd George）及法国的克列孟梭（Clemenceau）这一班人呢？学者遇着"老虎"，学者唯有失败而已！

二 "五四"运动之发生

四月二十八日，国际联盟条文，正式成立，尚觉有点希望。过了二天，到了四月三十日那一天，和会消息传出，关于山东方面的权利，皆付与日本，归日本处理。消息一到，前此满腔热望，如此完全失望了！全国愤怒，莫能遏制，于是到了五月四日那一天，学生界发起北京全体学生大会，开会以后，到处游行（外传北京学生会曾向东交民巷各公使馆表示态度说不确）。后来，奔到赵家楼胡同曹宅，撞破墙壁，突围而进，适遇章宗祥在那里躲避不及，打个半死，后脑受着重伤；当场即被捉去学生二三十人，各校皆有，各校校长暨城内绅缙名流，皆负责担保。后来消息传到欧洲，欧洲代表团，亦大受感动。同时更用恐吓手段，打电报给我国出席总代表陆徵祥，如果他糊里糊涂的在山东问题条文中签了字，他的祖宗坟墓，一概将被掘；外交团迫于恐吓，自不敢轻意签字了。于是在五月十四日那一天，中国代表团，又在和会内重新提出"山东问题"，要求公平办法，始终没有得着好的结果，而中国代表亦始终没有签字，所以然者，实因当时留欧中国学生界，亦有相当的运动，包围中国公使馆不许中国官员擅自签字之故。可是这样一来，当时办教育的人，就棘手了，好在他们亦不欲在这种腐败的政府下供职，于是教育部中几个清明的职员及北大校长蔡先生等人，相继辞职。那时，政府正痛恶那一班人，他们既欲辞职，亦不挽留。然而当时的学生界怎能任这一班领袖人物，轻轻引退呢？于是大家主张挽留。为欲营救被捕的学生，为欲挽留被免的师长，同时又要继续伟大的政治运动，故自五月二十日起，北京学校，一律罢课，到处演讲，诸如前门大街等热闹地方，皆变成学生的临时讲场了；对于城内交通，不无影响，于是北京军警，大捕学生。但军警捕捉学生越着力，学生的气焰，越加热烈，影响所及，全国学生，相率罢课，天津的学生界，于五月二十三日起，宣布罢课；济南的学生界，于二十四日宣布罢课；上海的学生界，于二十六日宣布罢课；南京的学生界，于二十七日宣布罢课；后来连到军阀的中心势力所在的保定学生界，亦于二十八日决议罢课；向者为北京学生界的爱国运动，今其势力，已风动全国学生界，而变成全中国的学生运动了。同时北京被捕的学生，亦益发增多，城内的拘留所，皆拘满了，一时无法，就把北大第三院，改成临时拘留所，凡遇着公开讲演的学生，军警辄把枪一挥，成群的送入北大第三院内，院之四周，坚筑营盘，昏夜看守。后来第三院的房子内住不下了，又把第二院一并改为临时拘留所。斯时杜威博士适到北京，我领他去参观就地的大监狱，使他大受感动。后来，忽有一天，到了六月三号那一天，院外的营盘，忽然自动撤销了，看守的军警，各自搬场了，一时不知其故，后来才明白上海学生界，即在六月三号那一天，运动商界，一律罢市三天，并要求政府罢免曹、陆、章三人的职务。政府见来势凶险，无法抵抗，　终于屈服下来；自动撤销营盘，自动召回军警，即是政府被人民屈服的证据，而曹、陆、章三人，亦于同日被政府罢免掉了。此为五月四日到六月三日几近一月中间的故事，最后的胜利，终于归属学生界了。

三　"五四"运动之影响

如今且约略考究"五四"运动的影响，它的影响，计有二方面：一为直接的影响，一为间接的影响。直接的影响，能使全国人民，注意山东问题，一面禁止代表签字；一为抵制日货，抵制日货的结果，许多日本商人，先后破产，实予以重大打击，故日本野心家，亦渐生戒惧之心了；再加上其他友国的帮助，故于一九二一年"华盛顿会议"中，当中国代表重新提出山东问题时，中国着实占点便宜。其结果，日本终于把山东方面的权利，"终究交还中国"了。

至于间接的影响，那就不能一样一样的细说了！

第一，五四运动引起全国学生注意社会及政策的事业。以前的学生，不管闲事，只顾读书，政治之好坏，皆与他们无涉。从此运动以后，学生渐知干预政治，渐渐发生政治的兴趣了。

第二，为此运动，学生界的出版物，突然增加。各处学生皆有组织，各个组织皆有一种出版物，申述他们的意见。单说民国八年一年之内，我个人所收到的学生式的豆腐干报，约有四百余份之多，其他无可论了。最奇怪的，这许多报纸，皆用白话文章发表意见，把数年前的新文学运动，无形推广许多。从前我们提倡新文学运动，各处皆有反对，到了此时，全国学生界，亦顾不到这些反对，姑且用它一用再讲，为此"用它一用"的观念的结果，新文学的势力，就深深占入学生界的头脑中去了，此为"五四"运动给予新文学的影响。

第三，"五四"运动更予平民教育以莫大影响。学生注意政事，就因他们能够读书，能够看报之故。欲使平民注意政事，当亦使他能够读书，能够看报；欲使平民能够读书，能够看报，唯一的方法，就在于教育他们。于是各学校中，皆创立一个或数个平民学堂，招收附近平民，利用晚间光阴，由各学生义务教授；其结果，平民教育的前途，为之增色不少。

第四，劳工运动亦随"五四"运动之后，到处发生。当时的学生界，深信学生一界，势力有限，不能做成大事，欲有伟大的成就，非联合劳工各界，共同奋斗不可。但散漫的劳工，不能发生何种势力，欲借重之，非加以组织不可，于是首先与京汉路北段长辛店的工人商议，劝其组织工会，一致奋斗。一处倡之，百处和之。到了今日，各处城市，皆有工会组织，推原求本，当归于九年以前的"五四"运动。

第五，妇女的地位亦因"五四"运动之故，增高不少。"五四"运动之前，国内无有男女同学之学校，那时，妇女的地位，非常低微。"五四"运动之后，国内论坛，对于妇女问题，渐生兴趣，各种怪论，亦渐渐发生了，习而久之，怪者不怪，妇女运动，非独见于报章杂志，抑且见诸实事之上了！中国的妇女，从此遂跨到解放的一条路上去了。

第六，彼时的政党，皆知吸收青年分子，共同工作。例如进步的党人，特为青年学生，在他们的机关报上，辟立副刊，请学生们自由发表意见。北京《晨报》的副刊，上海《民国日报》之"觉悟"，即其实例。有的机关，前时虽亦有副刊，唯其主要职务，不外捧捧戏子，抬抬妓女，此外之事，概非所问；"五四"以后，他们的内容，完全改变了：诸如马克思、萧伯纳、克鲁泡特金等名词，皆在他们的副刊上，占着首席地位了。

其在国民党方面，此种倾向，益觉显著。论日报，则有《民国日报》的各种副刊；论周报，则有《星期评论》；论月刊，则有《建设杂志》等等；其影响于青年学生界者，实非微事。非独此也，他们并于民国十三年中国国民党改组之际，正式承认吸收少年分子，参加工作，此种表示，亦因受着"五四"运动的影响之故，就中尤以孙中山先生最能体验"五四"运动的真意义。彼于一九二〇年正月九日那一天，写信给海外党部，嘱以筹金五十万，创办一个最大的与最新式的印刷机关，其理由，则为：

> 自北京大学学生发生五四运动以来，一般爱国青年，无不以革新思想为将来革新事业之预备；于是蓬蓬勃勃，发抒言论，国内各界舆论，一致同倡，各种新出版物，为热心青年所举办者，纷纷应时而出，扬葩吐艳，各极其致，社会遂蒙绝大之影响。虽以顽劣之伪政府，犹且不敢撄其锋。此种新文化运动，在我国今日，诚思想界空前之大变动，推原其故，不过由于出版界之一二觉悟者，从事提倡，遂至舆论放大异彩，学潮弥漫，全国人皆激发天良，誓死为爱国之运动。倘能继长增高，其将来收效之伟大且久远者，可无疑也。吾党欲收革命之成功，必有赖于思想之变化，兵法攻心，语曰革心，皆此之故；故此种新文化运动，实为最有价值之事。……
>
> ——孙中山先生《致海外国民党同志书》

孙先生看出"五四"运动中的学生，因教育的影响，激于义愤，可以不顾一切而为国家牺牲；深信思想革命，在一切革命中，最关紧急；故拟创办一个最大的与最新式的印刷机关，尽量作思想上的宣传工夫；即在他自身的工作上，亦可看出这一点来。民国八年以前，孙先生奔走各处，专心政治运动，对于著作上的工作，尚付阙如，只有《民权初步》及《实业计划》二部分的著作，于民国八年以前作成；民国八年以后，他的革命方向，大大转变了，集中心力，专事著作，他的伟大著作，皆于此时告成。这是什么缘故呢？就因为他认定思想革命的势力，高过一切，革命如欲成功，非先从思想方面入手不可，此种倾向，亦就因为受着"五四"运动的影响的结果。

"五四"运动为一种事实上的表现，证明历史上的一大原则，亦可名之曰历史上的一个公式。什么公式呢？

> 凡在变态的社会与国家内，政治太腐败了，而无代表民意的机关存在着；那末，干涉政治的责任，必定落在青年学生身上了。

这是一个最正确的公式，古今中外，莫能例外。试观中国的历史，东汉末年，宦官跋扈，政治腐败，朝廷上又无代表民意的机关，于是有太学学生三万人，危言正论，不避豪强；其结果，终于造成党锢之祸，牵连被捕死徙废禁的，不下六七百人。又如北宋末年，金人南犯，钦宗引用奸人，罢免李纲以谢金人，政治腐败，达于极点，于是有太学生陈东及都人数万，到阙下请复用李纲，钦宗不得已，只好允许了。又如清末"戊戌政变"，主动的人，即是青年学生；革命起义，同盟会中人，又皆为年青的学生；此为中国历史上的证据。又观西洋历史，中古时代，政治腐化，至于极点，创议改革者，即为少年学生；一八四八年，为全欧革命的一年，主动的人皆为一班少年学生，到处抛掷炸弹，开放手枪，有被执者，非遭死戮，即被充军，然其结果，仍不能压倒热烈的青年运动，亦唯此种热烈青年运动，革命事业，才有成功之一日。是以西洋的历史，又足证明上面所说的一个公式。

反转来讲，如果在常态的社会与国家内，国家政治，非常清明，且有各种代表民意的机关存在着；那末，青年学生，就无需干预政治了，政治的责任，就要落在一班中年人的身上去了。试观英美二国的青年，他们所以发生兴趣，只是足球、篮球、棍球等等，比赛时候，各人兴高采烈，狂呼歌曲；再不然，他们就去寻找几个女朋友，往外面去跳舞，去看戏，享尽少年幸福。若有人和他们谈起政治问题，他们必定不生兴趣，他们所作的，只是少年人的事。他们之所以能够安心读书，安心过少年幸福者，就因为他们的政治，非常清明，他们的政治，有中年的人去负责任之故。故自反面立论，又足证实上面所讲的历史上的公式。

自从"五四"运动以来，中国的青年，对于社会和政治，总算不曾放弃责任，总是热热烈烈的与恶化的挣扎；直到近来，因为有些地方，过分一点，当局认为不满，因而丧掉生命的，屡觐不鲜。青年人的牺牲，实在太大了！他们非独牺牲学业，牺牲精神，牺牲少年的幸福，连到他们自己的生命，一并牺牲在内了；而尤以二十五岁以下的青年学生，牺牲最大。例如前几天报上揭载武汉地方，有二百余共产党员，同时受戮，查其年龄，几皆在二十五岁以下，且大多数为青年女子。照人道讲来，他们应该处处受社会的保障，他们的意志，尚未成熟，他们的行动，自己不负责任，故在外国，偶遇少年犯罪，法官另外优待，减刑一等，以示宽惠。中国的青年，如此牺牲，实在牺牲太大了！为此之故，所以中国国民党在第四次全体会议中所议决的中央宣传部宣传大纲内有一段，即有禁止青年学生干预政治的表示。意谓年青学生，身体尚未发育完全，学问尚无根底，意志尚未成熟，干预政治，每易走入歧途，故以脱离政治运动为妙。

爱国运动与求学

原载《现代评论》第二卷第三十九期

一九二五年九月五日

当五月七日北京学生包围章士钊宅，警察拘捕学生的事件发生以后，北京各学校的学生团体即有罢课的提议。有些学校的学生因为北大学生会不曾参加五七的事，竟在北大第一院前辱骂北大学生不爱国。北大学生也有很愤激的，有些人竟贴出布告攻击北大代理校长蒋梦麟媚章媚外。然而几日之内，北大学生会举行总投票表决罢课问题，共投一千一百多票。反对罢课者八百余票，这件事真使一班留心教育问题的人心里欢喜。可喜的不在罢课案的被否决，而在（1）投票之多，（2）手续的有秩序，（3）学生态度的镇静。我的朋友高梦旦在上海读了这段新闻，写了一封长信给我，讨论此事，说，这样做去，便是在求学的范围以内做救国的事业，可算是在近年学生运动史上开一个新纪元。——只可惜我还没有回高先生的信，上海五卅的事件已发生了，前二十天的秩序与镇静都无法维持了。于是六月三日以后，全国学校遂都罢课了。

这也是很自然的。在这个时候，国事糟到这步田地，外间的刺激这么强：上海的事件未了，汉口的事件又来了，接着广州，南京的事件又来了：在这个时候，许多中年以上的人尚且忍耐不住，许多六十老翁尚且要出来慷慨激昂地主张宣战，何况这无数的少年男女学生呢？

我们观察这七年来的"学潮"，不能不算民国八年的五四事件与今年的五卅事件为最有价值。这两次都不是有什么作用，事前预备好了然后发动的；这两次都只是一般青年学生的爱国血诚，遇着国家的大耻辱，自然爆发；纯然是烂漫的天真，不顾利害地干将去，这种"无所为而为"的表示是真实的，可爱敬的。许多学生都是不愿意牺牲求学的时间的；只因为临时发生的问题太大了，刺激太强烈了，爱国的感情一时迸发，所以什么都顾不得了：功课也不顾了，秩序也不顾了，辛苦也不顾了。所以北大学生总投票表决不罢课之后，不到二十天，也就不能不罢课了。二十日前不罢课的表决可以表示学生不愿意牺牲功课的诚意；二十日后毫无勉强地罢课参加救国运动，可以证明此次学生运动的牺牲的精神。这并非前后矛盾：有了前回的不愿牺牲，方才更显出后来的牺牲之难能而可贵。岂但北大一校如此？国中无数学校都有这样的情形。

但群众的运动总是不能持久的。这并非中国人的"虎头蛇尾"，"五分钟的热度"。这是世界人类的通病。所谓"民气"，所谓"群众运动"，都只是一时的大问题刺激起来的一种感情上的反应。感情的冲动是没有持久性的；无组织又无领袖的群众行动是最容易松散的。我们不看见北京大街的墙上大书着"打倒英日"、"不要五分钟的热度"吗？其实写那些大字的人，写成之后，自己看着很满意，他的"热度"早已消除大半了；他回到家里，坐也坐得下了，睡也睡得着了。所谓"民气"，无论在中国，在欧美，都是这样：突然而来，倏然而去。几天一次的公民大会，几天一次的示威游行，虽然可以勉强多维持一会儿，然而那回天安门打架之后，国民大会也就不容易召集了。

我们要知道，凡关于外交的问题，民气可以督促政府，政府可以利用民气；民气与政府相为声援方才可以收效。没有一个像样的政府，虽有民气，终不能单独成功。因为外国政府决不能直接和我们的群众办交涉；民众运动的影响（无论是一时的示威或是较有组织的经济抵制）终是间接的。一个健全的政府可以利用民气作后盾，在外交上可以多得胜利，至少也可以少吃点亏。若没有一个能运用民气的政府，我们可以断定民众运动的牺牲的大部分是白白地糟蹋了的。

倘使外交部于六月二十四日同时送出沪案及修改条约两照会之后即行负责交涉，那时民气最盛，海员罢工的声势正大，沪案的交涉至少可以得一个比较满人意的结果。但这个政府太不像样了：外交部不敢自当交涉之冲，却要三个委员来代揩木梢；三个委员都是很聪明的人，也就乐得三揖三让，延搁下去。他们不但不能用民气，反惧怕民气了！况且某方面的官僚想借这风潮延长现政府的寿命；某方面的政客也想借这个问题延缓东北势力的侵逼。他们不运用民气来对付外人，只会利用民气来便利他们自己的私图！于是一误，再误，至于今日，沪案及其他关连之各案丝毫不曾解决，而民气却早已成了强弩之末了！

上海的罢工本是对英日的，现在却是对邮政当局，商务印书馆，中华书局了。北京的学生运动一变而为对付杨荫榆，又变而为对付章士钊了。广州对英的事件全未了结，而广州城却早已成为共产与反共产的血战场了。三个月的"爱国运动"的变相竟致如此！

这时候有一件差强人意的事，就是全国学生总会议决秋季开学后各地学生应一律到校上课，上课后应努力于巩固学生会的组织，为民众运动的中心。北京学联会也决议北京各校同学于开学前务必到校，一面上课，一面仍继续进行。

这是很可喜的消息。全国学生总会的通告里并且有"五卅运动并非短时间所可解决"的话。我们要为全国学生下一转语：救国事业更非短时间所能解决；帝国主义不是赤手空拳打得倒的；"英日强盗"也不是几千万人的喊声咒得死的。救国是一件顶大的事业：排队游街，高喊着"打倒英日强盗"，算不得救国事业；甚至于砍下手指写血书，甚至于蹈海投江，杀身殉国，都算不得救国的事业。救国的事业须要有各色各样的人才；真正的救国的预备在于把自己造成一个有用的人才。

易卜生说的好：

真正的个人主义在于把你自己这块材料铸造成个东西。

他又说：

　　有时候，我觉得这个世界就好像大海上翻了船，最要紧的是救出我自己。

　　在这个高唱国家主义的时期，我们要很诚恳的指出：易卜生说的"真正的个人主义"正是到国家主义的唯一大路。救国须从救出你自己下手！

　　学校固然不是造人才的唯一地方，但在学生时代的青年却应该充分地利用学校的环境与设备来把自己铸造成个东西。我们须要明白了解：

　　　　救国千万事，何一不当为？
　　　　而吾性所适，仅有一二宜。

　　认清了你"性之所近，而力之所能勉"的方向，努力求发展，这便是你对国家应尽的责任，这便是你的救国事业的预备工夫。国家的纷扰，外间的刺激，只应该增加你求学的热心与兴趣，而不应该引诱你跟着大家去呐喊，呐喊救不了国家。即使呐喊也算是救国运动的一部分，你也不可忘记你的事业有比呐喊重要十倍百倍的。你的事业是要把你自己造成一个有眼光有能力的人才。

　　你忍不住吗？你受不住外面的刺激吗？你的同学都出去呐喊了，你受不了他们的引诱与讥笑吗？你独坐在图书馆里觉得难为情吗？你心里不安吗？——这也是人情之常，我们不怪你：我们都有忍不住的时候。但我们可以告诉你一两个故事，也许可以给你一点鼓舞：——

德国大文豪葛德（Goethe）在他的年谱里（英译本页一八九）曾说，他每遇着国家政治上有大纷扰的时候，他便用心去研究一种绝不关系时局的学问，使他的心思不致受外界的扰乱。所以拿破仑的兵威逼迫德国最厉害的时期里，葛德天天用功研究中国的文物。又当利俾瑟之战的那一天，葛德正关着门，做他的名著 *Essex* 的"尾声"。

德国大哲学家费希特（Fichte）是近代国家主义的一个创始者。然而他当普鲁士被拿破仑践破之后的第二年（一八〇七）回到柏林，便着手计划一个新的大学——即今日之柏林大学。那时候，柏林还在敌国驻兵的掌握里。费希特在柏林继续讲学，在很危险的环境里发表他的《告德意志民族》（*Reden un die deutsche nation*）。往往在他讲学的堂上听得见敌人驻兵操演回来的笳声。他这一套讲演——《告德意志民族》——忠告德国人不要灰心丧志，不要惊慌失措；他说，德意志民族是不会亡国的；这个民族有一种天赋的使命，就是要在世间建立一个精神的文明，——德意志的文明，他说：这个民族的国家是不会亡的。

后来费希特计划的柏林大学变成了世界的一个最有名的学府；他那部《告德意志民族》不但变成了德意志帝国建国的一个动力，并且成了十九世纪全世界的国家主义的一种经典。

上边的两段故事是我愿意介绍给全国的青年男女学生的。我们不期望人人都做葛德与费希特。我们只希望大家知道：在一个扰攘纷乱的时期里跟着人家乱跑乱喊，不能就算是尽了爱国的责任，此外，还有更难更可贵的任务：在纷乱的喊声里，能立定脚跟，打定主意，救出你自己，努力把你这块材料铸造成个有用的东西！

十四，八，卅一夜，在天津脱稿

今天我同诸君所谈的题目是"学生与社会"。这个题目可以分两层讲：（一）个人与社会；（二）学生与社会。现在先说第一层。

个人与社会

（一）个人与社会有密切的关系，个人就是社会的出产品。我们虽然常说"人有个性"，并且提倡发展个性，其实个性于人，不过是千分之一，而千分之九百九十九全是社会的。我们的说话，是照社会的习惯发音；我们的衣服，是按社会的风尚为式样；就是我们的一举一动，无一不受社会的影响。

六年前我作过一首《朋友篇》，在这篇诗里我说："清夜每自思，此身非吾有；一半属父母，一半属朋友。"如今想来，这百分之五十的比例算法是错了。此身至少有千分之九百九十九是属于广义的朋友的。我们现在虽在此地，而几千里外的人，不少的同我们发生关系。我们不能不穿衣，不能不点灯，这衣服与灯，不知经过多少人的手才造成功的。这许多为我们制衣造灯的人，都是我们不认识的朋友，这衣与灯就是这许多不认识的朋友给与我们的。

再进一步说，我们的思想，习惯，信仰等等都是社会的出产品，社会上都是说"吃饭"。我们不能改转过来说"饭吃"，我们所以为我们，就是这些思想、信仰、习惯……这些既都是社会的，那末除掉社会，还能有我吗？

这第一点内要义：我之所以为我，在物质方面，是无数认识与不认识的朋友的；在精神方面，是社会的，所谓"个人"差不多完全是社会的出产品。

（二）个人——我——虽仅是千分之一，但是这千分之一的"我"是很可宝贵的。普通一班的人，差不多千分之千都是社会的，思想、举动、语言、服食都是跟着社会跑。有一二特出者，有千分之一的我——个性，于跟着社会跑的时候，要另外创作，说人家未说的话，做人家不做的事。社会一班人就给他一个浑号，叫他"怪物"。

怪物原有两种：一种是发疯，一种是个性的表现。这种个性表现的怪物，是社会进化的种子，因为人类若是一代一代的互相仿照，不有变更，那就没有进化可言了。惟其有些怪物出世，特立独行，做人不做的事，说人未说的话，虽有人骂他打他，甚而逼他至死，他仍是不改他的怪言、怪行。久而久之，渐渐的就有人模仿他了，由少数的怪，变为多数，更变而为大多数，社会的风尚从此改变，把先前所怪的反视为常了。

宗教中的人物，大都是些怪物，耶稣就是一个大怪物。当时的人都以为有人打我一掌，我就应该还他一掌。耶稣偏要说："有人打我左脸一掌，我应该把右边的脸转送给他。"他的言语、行为，处处与当时的习尚相反，所以当时的人就以为他是一个怪物，把他钉死在十字架上。但是他虽死不改其言行，所以他死后就有人尊敬他，爱慕、模仿他的言行，成为一个大宗教。

怪事往往可以轰动一时，凡轰动一时的事，起先无不是可怪异的。比如缠足，当初一定是很可怪异的，而后来风行了几百年。近来把缠小的足放为天足，起先社会上同样以为可怪，而现在也渐风行了。可见不是可怪，就不能轰动一时。社会的进化，纯是千分之一的怪物，可以牺牲名誉、性命，而做可怪的事，说可怪的话以演成的。

社会的习尚，本来是革不尽，而也不能够革尽的，但是改革一次，虽不能达完全目的，至少也可改革一部分的弊习。譬如辛亥革命，本是一个大改革，以现在的政治社会情况看，固不能说是完全成功，而社会的弊习——如北京的男风，官家厅的公门等等——附带革除的，实在不少。所以在实际上说，总算是进化的多了。

这第二点的要义：个人的成分，虽仅占千分之一，而这千分之一的个人，就是社会进化的原因。人类的一切发明，都是由个人一点一点改良而成功的。惟有个人可以改良社会，社会的进化全靠个人。

学生与社会

由上一层推到这一层，其关系已很明白。不过在文明的国家，学生与社会的特殊关系，当不大显明，而学生所负的责任，也不大很重。惟有在文明程度很低的国家，如像现在的中国，学生与社会的关系特深，所负的改良的责任也特重。这是因为学生是受过教育的人，中国现在受过完全教育的人，真不足千分之一，这千分之一受过完全教育的学生，在社会上所负的改良责任，岂不是比全数受过教育的国家的学生，特别重大吗？

教育是给人戴一副有光的眼镜，能明白观察；不是给人穿一件锦绣的衣服，在人前夸耀。未受教育的人，是近视眼，没有明白的认识，远大的视力；受了教育，就是近视眼戴了一副近视镜，眼光变了，可以看明清楚远大。学生读了书，造下学问，不是为要到他的爸爸面前，要吃肉菜，穿绸缎；是要认他爸爸认不得的，替他爸爸说明，来帮他爸爸的忙。他爸爸不知道肥料的用法，土壤的选择，他能知道，告诉他爸爸，给他爸爸制肥料，选土壤，那他家中的收获，就可以比别人家多出许多了。

从前的学生都喜欢戴平光的眼镜，那种平光的眼镜戴如不戴，不是教育的结果。教育是要人戴能看从前看不见，并能看人家看不见的眼镜。我说社会的改良，全靠个人，其实就是靠这些戴近视镜，能看人所看不见的个人。

从前眼镜铺不发达，配眼镜的机会少，所以近视眼，老是近视看不远。现在不然了，戴眼镜的机会容易的多了，差不多是送上门来，让你去戴。若是我们不配一副眼镜戴，那不是自弃吗？若是仅戴一副看不清、看不远的平光镜，那也是可耻的事呀。

这是一个比喻，眼镜就是知识，学生应当求知识，并应当求其所要的知识。

戴上眼镜，往往容易招人家厌恶。从前是近视眼，看不见人家脸上的麻子，戴上眼镜，看见人家脸上的麻子，就要说："你是个麻子脸。"有麻子的人，多不愿意别人说他的麻子。要听见你说他是麻子，他一定要骂你，甚而或许打你。这一层意思，就是说受过教育，就认识清社会的恶习，而发不满意的批评。这种不满意社会的批评，最容易引起社会的反感。但是人受教育，求知识，原是为发现社会的弊端，若是受了教育，而对于社会仍是处处觉得满意，那就是你的眼镜配错了光，应该返回去审查一下，重配一副光度合适的才好。

从前伽利略因人家造的望远镜不适用，他自己造了一个扩大几百倍的望远镜，能看木星现象。他请人来看，而社会上的人反以为他是魔术迷人，骂他为怪物，革命党，几乎把他弄死。他惟其不屈不挠，不可抛弃他的学说，停止他的研究，而望远镜竟成为今日学问上、社会上重要的东西了。

总之，第一要有知识，第二要有图书。若是没有骨子便在社会上站不住。有骨子就是有奋斗精神，认为是真理，虽死不畏，都要去说去做。不以我看见我知道而已，还要使一班人都认识，都知道。由少数变为多数，由多数变成大多数，使一班人都承认这个真理。譬如现在有人反对修铁路，铁路是便利交通，有益社会的，你们应该站在房上喊叫宣传，使人人都知道修铁路的好处。若是有人厌恶你们，阻挡你们，你们就要拿出奋斗的精神，与他抵抗，非把你们的目的达到。不止你们的喊叫宣传，这种奋斗的精神，是改造社会绝不可少的。

二十年前的革命家，现在哪里去了？他们的消灭不外两个原因：（1）眼镜不适用了。二十年前的康有为是一个出风头的革命家，不怕死的好汉子。现在人都笑他为守旧，老古董，都是由他不去把不适用的眼镜换一换的缘故。（2）无骨子。有一班革命家，骨子软了，人家给他些钱，或给他一个差事，教他不要干，他就不敢干了。没有一种奋斗精神，不能拿出"你不要我干，我偏要干"的决心，所以都消灭了。

我们学生应当注意的就是这两点：眼镜的光若是不对了，就去换一副对的来戴；摸着脊骨软了，要吃一点硬骨药。

我的话讲完了，现在讲一个故事来作结束，易卜生所作的《国家公敌》一剧，写一个医生司铎门发现了本地浴场的水里有传染病菌，他还不敢自信，请一位大学教授代为化验，果然不错。他就想要去改良它。不料浴场董事和一班股东因为改造浴池要耗费资本，拼死反对，他的老大哥与他的老丈人也都多方的以情感利诱，但他总是不可软化。他于万分困难之下设法开了一个公民会议，报告他的发明。会场中的人不但不听他的老实话，还把他赶出场去，裤子撕破，宣告他为国民公敌。他气愤不过，说："出去争真理，不要穿好裤子。"他是真有奋斗精神，能够特立独行的人，于这种逼迫之下还是不退缩。他说："世界最有强力的人就是那最孤立的人。"我们要改良社会，就要学这"争真理不穿好裤子"的态度，相信这"最孤立的人是最有强力的人"的名言。

　　今天是五月四日。我们回想去年今日，我们两人都在上海欢迎杜威博士，直到五月六日方才知道北京五月四日的事。日子过的真快，匆匆又是一年了！

　　当去年的今日，我们心里只想留住杜威先生在中国讲演教育哲学，在思想一方面提倡实验的态度和科学的精神；在教育一方面输入新鲜的教育学说，引起国人的觉悟，大家来做根本的教育改革。这是我们去年今日的希望。不料时势的变化大出我们意料之外。这一年以来，教育界的风潮几乎没有一个月平静的，整整的一年光阴就在这风潮扰攘里过去了。

　　这一年的学生运动，从远大的观点看起来，自然是几十年来的一件大事。从这里面发生出来的好效果，自然也不少。引起学生的自动精神，是一件；引起学生对于社会国家的兴趣，是二件；引出学生的作文演说的能力，组织的能力，办事的能力，是三件；使学生增加团体生活的经验，是四件；引起许多学生求知识的欲望，是五件。这都是旧日的课堂生活所不能产生的，我们不能不认为学生运动的重要贡献。

社会若能保持一种水平线以上的清明，一切政治上的鼓吹和设施，制度上的评判和革新，都应该有成年的人去料理；未成年的一班人（学生时代之男女），应该有安心求学的权利，社会也用不着他们来做学校生活之外的活动。但是我们现在不幸生在这个变态的社会里，没有这种常态社会中人应该有的福气；社会上许多事，被一班成年的或老年的人弄坏了。别的阶级又都不肯出来干涉纠正，于是这种干涉纠正的责任，遂落在一班未成年的男女学生的肩膀上。这是变态的社会里一种不可免的现象。现在有许多人说学生不应该干预政治，其实并不是学生自己要这样干，这都是社会和政府硬逼出来的。如果社会国家的行为没有受学生干涉纠正的必要，如果学生能享安心求学的幸福而不受外界的强烈刺激和良心上的督责，他们又何必甘心抛了宝贵的光阴，冒着生命的危险，来做这种学生运动呢？

简单一句话：在变态的社会国家里面，政府太卑劣腐败了，国民又没有正式的纠正机关（如代表民意的国会之类），那时候，干预政治的运动，一定是从青年的学生界发生的。汉末的太学生，宋代太学生，明末的结社，戊戌政变前的公车上书，辛亥以前的留学生革命党，俄国从前的革命党，德国革命前的学生运动，印度和朝鲜现在的运动，中国去年的"五四"运动与"六三"运动，都是同一个道理，都是有发生的理由的。

但是我们不要忘记：这种运动是非常的事，是变态的社会里不得已的事，但是它又是很不经济的不幸事，因为是不得已，故它的发生是可以原谅的。因为是很不经济的不幸事，故这种运动是暂时不得已的救急的办法，却不可长期存在的。

荒唐的中年老年人闹下了乱子，却要未成年的学生抛弃学业，荒废光阴，来干涉纠正，这是天下最不经济的事。况且中国眼前的学生运动更是不经济。何以故呢？试看自汉末以来的学生运动，试看俄国、德国、印度、朝鲜的学生运动，哪有一次用罢课作武器的？即如去年的"五四"与"六三"，这两次的成绩，可是单靠罢课作武器的吗？单靠用罢课作武器，是最不经济的方法，是下下策，屡用不已，是学生运动破产的表现！

罢课于旁人无损，于自己却有大损失。这是人人共知的。但我们看来，用罢课作武器，还有精神上的很大的损失：

（一）养成倚赖群众的恶心理。现在的学生很像忘了个人自己有许多事可做，他们很像以为不全体罢课便无事可做。个人自己不肯牺牲，不敢做事，却要全体罢了课来呐喊助威，自己却躲在大众群里跟着呐喊。这种倚赖群众的心理是懦夫的心理！

（二）养成逃学的恶习惯。现在罢课的学生，究竟有几个人出来认真做事，其余无数的学生，既不办事，又不自修，究竟为了什么事罢课？从前还可说是"激于义愤"的表示，大家都认作一种最重大的武器，不得已而用之。久而久之，学生竟把罢课的事看作很平常的事。我们要知道，多数学生把罢课看作很平常的事，这便是逃学习惯已养成的证据。

（三）养成无意识的行为的恶习惯。无意识的行为就是自己说不出为什么要做的行为。现在不但学生把罢课看作很平常的事，社会也把学生罢课看作很平常的事。一件很重大的事，变成了很平常的事，还有什么功效灵验？既然明知没有灵验功效，却偏要去做；一处无意识的做了，别处也无意识的盲从。这种心理的养成，实在是眼前和将来最可悲观的现象。

以上说的是我们对于现在学生运动的观察。

我们对于学生的希望，简单说来，只有一句话："我们希望学生从今以后要注重课堂里、自修室里、操场上、课余时间里的学生活动。只有这种学生活动是能持久又最有功效的学生运动。"

这种学生活动有三个重要部分：

（1）学问的生活。

（2）团体的生活。

（3）社会服务的生活。

第一，学问的生活。这一年以来，最可使人乐观的一种好现象，就是许多学生对于知识学问的兴趣渐渐增加了。新出的出版物的销数增加，可以估量学生求知识的兴趣增加。我们希望现在的学生充分发展这点新发生的兴趣，注重学问的生活。要知道社会国家的大问题，决不是没有学问的人能解决的。我们说的"学问的生活"，并不限于从前的背书抄讲义的生活。我们希望学生（无论中学大学）都能注重下列的几项细目：

（1）注重外国文。现在中文的出版物，实在不够满足我们求知识的欲望。求新知识的门径在于外国文。每个学生至少须要能用一种外国语看书。学外国语须要经过查生字，记生字的第一难关。千万不要怕难，若是学堂里的外国文教员确是不好，千万不要让他敷衍你们，不妨赶跑他。

（2）注重观察事实与调查事实。这是科学训练的第一步。要求学校里用实验来教授科学，自己去采集标本，自己去观察调查。观察调查须要有个目的（例如本地的人口、风俗、出产、植物、鸦片烟馆等项的调查）。还要注重团体的互助，分工合作，做成有系统的报告。现在的学生天天谈"二十一条"，究竟"二十一条"是什么东西，有几个人说得出吗？天天谈"高徐济顺"，究竟有几个指得出这条路在什么地方吗？这种不注重事实的习惯，是不可不打破的。打破这种习惯的唯一法子，就是养成观察调查的习惯。

（3）建设的促进学校的改良。现在的学校课程和教员，一定有许多不能满足学生求学的欲望的。我们希望学生不要专做破坏的攻击，须要用建设的精神，促进学校的改良。与其提倡考试的废止，不如提倡考试的改良；与其攻击校长不多买博物标本，不如提倡学生自己采集标本。这种建设的促进，比教育部和教育厅的命令的功效大得多咧！

（4）往重自修。灌进去的知识学问，是没有多大用处的。真正可靠的学问都是从自修得来，自修的能力，是求学问的唯一条件。不养成自修的能力，决不能求学问。自修应注重的事是：（一）看书的能力。（二）要求学校购备参考书报，如大字典、词典、重要的大部书之类。（三）结合同学多买书报，交换阅看。（四）要求教员指导自修的门径和自修的方法。

第二，团体的生活。"五四"运动以来，总算增加了许多学生的团体生活的经验。但是现在的学生团体有两大缺点：（一）是内容太偏枯了。（二）是组织人不完备了。内容偏枯的补救，应注意各方面的"俱分并讲"。

（1）学术的团体生活，如学术研究会或讲演会之类，应该注重自动的调查、报告、试验、讲演。

（2）体育的团体生活，如足球、运动会、童子军、野外幕居、假期游行等等。

（3）游艺的团体生活，如音乐、图画、戏剧等等。

（4）社交的团体生活，如同学茶会、家人恳亲会、师生恳亲会、同乡会，等等。

（5）组织的团体生活，如本校学生会、自治会、各校联合会、学生联合总会之类。

要补救组织的不完备，应注重议会法规（*Parliamentary Law*）的重要条件。简单说来，至少须有下列的几个条件：

（1）法定开会人数。这是防弊的要件。

（2）动议的手续与修正议案的手续。这是议会法规里最繁难又最重要的一项。

（3）发言的顺序。这是维持秩序的要件。

（4）表决的方法。（一）须规定某种议案必须全体几分之几的可决，某种必须到会人数几分之几的可决，某种仅须过半数的可决；（二）须规定某种重要议案必须用无记名投票，某种必须用有记名投票，某种可用举手的表决。

（5）凡是代表制的联合会（无论校内校外）皆须有复决制（Referendum）。遇重大的案件，代表会议的议决案必须再经过会员的总投票。总会的议决案必须再经过各分会的复决。

（6）议案提出后，应有规定的讨论时间，并须限制每人发言的时间与次数。

现在许多学生会的章程，只注重职员的分配，却不注重这些最紧要的条件。这是学生团体失败的一个大原因。

此外还须注意团体生活最不可少的两种精神：

（1）容纳反对党的意见。现在学生会议的会场上，对于不肯迎合群众心理的言论，往往有许多威压的表示。这是暴民专制，不是民治精神。民治主义的第一个条件，就是要使各方面的意见都可自由发表。

（2）人人要负责任。天下有许多事，都是不肯负责任的"好人"弄坏的。好人坐在家里叹气，坏人在议场上做戏，天下事所以败坏了。不肯出头负责任的人，便是团体的罪人，便不配做民治国家的国民。民治主义的第二个条件，是人人要负责任，要尊重自己的主张，要用正当的方法来传播自己的主张。

第三，社会服务的生活。学生运动是学生对于社会国家的利害发生兴趣的表示，所以各处都有平民夜校、平民讲演的发起。我们希望今后的学生继续推广这种社会服务的事业。这种事业，一来是救国的根本办法；二来是学生的能力做得到的；三来可以发展学生自己的学问与才干；四来可以训练学生待人接物的经验。我们希望学生注意以下各点：

（1）平民夜校。注重本地的需要，介绍卫生的常识、职业的常识和公民的常识。

（2）通俗讲演。现在那些"同胞快醒，国要亡了"，"杀卖国贼"，"爱国是人生的义务"等等空话的讲演，是不能持久的，说了两三遍就没有了。我们希望学生注重科学常识的讲演，改良风俗的讲演，破除迷信的讲演。譬如你今天演说"下雨"，你不能不先研究雨是怎样来的，何以从天上下来。听的人也可以因此知道雨不是龙王菩萨洒下来的，也可以知道雨不是道士和尚求得下来的。又如你明天演说"种田何以须用石灰作肥料",你就不能不研究石灰的化学,听的人也可以因此知道肥料的道理。这种讲演,不但于人有益,于自己也极有益。

（3）破除迷信的事业。我们希望学生不但用科学的道理来解释本地的种种迷信,并且还要实行破除迷信的事业。如求神合婚、求仙方、放焰口、风水等等迷信,都该破除。学生不来破除迷信,迷信是永远不会破除的。

（4）改良风俗的事业。我们希望学生用力去做改良风俗的事业。譬如女子缠足的,现在各处多有,学生应该组织天足会,相戒不娶小脚的女子。不能解放你的姊妹的小脚,你就不配谈"女子解放"。又如鸦片烟与吗啡,现在各处仍旧很销行。学生应该组织调查队、侦缉队,或报告官府,或自动的捣毁烟间与吗啡店。你不能干涉你村上的鸦片吗啡,你也不配干预国家的大事。

以上说的是我们对于学生的希望。

学生运动已发生了,是青年一种活动力的表现,是一种好现象,决不能压下去的,也决不可把他压下去的。我们对于办教育的人的忠告是:"不要梦想压制学生运动。学潮的救济只有一个法子,就是引导学生向有益有用的路上去活动。"

学生运动现在四面都受攻击,"五四"的后援也没有了,"六三"的后援也没有了。我们对于学生的忠告是:"单靠用罢课作武器是下下策,可一而再再而三的么?学生运动如果要想保存'五四'和'六三'的荣誉,只有一个法子,就是改变活动的方向,把'五四'和'六三'的精神用到学校内外有益有用的学生活动上去。"

我们讲的话,是很直率。但这都是我们的老实话。

原载《大公报》『星期论文』

一九三五年十二月十五日

为学生运动进一言

我在十五年前，曾提出一个历史的公式：

> 在变态的社会国家里，政治太腐败了，国民又没有正式的纠正机
> 关（如代表民意的国会之类），那时候，干预政治的运动，一定是从
> 青年的学生界发生的。

这条公式是"古今中外"都可以适用的。从东汉北宋的太学生干涉政治，直
到近年的"公车上书"，留学生组织革命党，"五四"运动，民十三以后的国
民革命，共产党运动等等，这都是"古今一例"的。从中国两千年的学生干政，到
欧洲各国最近三百年中的种种政治革命与社会革命，到眼前全世界的各种学生
干政运动（例如连日报纸所记埃及学生的排英运动），也都是"中外一理"的。

这个道理是很明显的。中年老年的人，壮气早消磨了，世故深了，又往往
有身家之累，所以都容易采取明哲保身的态度，不肯轻易参加各种带有危险性
的政治活动。只有少年学生的感情是容易冲动的，胆子是大的；他们没有家室

之累，理智也不曾完全压倒情绪，所以他们一受了义愤的鼓动，往往能冒大险，做出大牺牲，不肯瞻前顾后，也不能迟徊犹豫。古今中外，同是一样的。

懂得了这一条很浅近的历史公例，我们就应该明白，这几年中国国难之下青年学生的沉寂只是一种变态，而不是常轨。这沉寂的原因，一部分固然是自身能力脆薄的觉悟，一部分还是政治势力的压抑。绝大多数学生确然觉悟了这回国难的空前严重性，觉悟了口号标语游行示威的绝对无力，所以他们决心向图书馆实验室里去寻求他们将来报效国家的力量。然而这不是近年学生界沉寂之主因，因为这一类学生本来沉寂的，他们压根儿就不是闹政治运动的材料，凡是干政运动总是少数"好事""好动"的青年们鼓动起来的。而近年"特务机关"的密布，秘密告讦的盛行，往往使各地学校里的好事分子销声匿迹。此项政治活动的策动人物的被压抑，似是近年学生界沉寂的主要原因。

一个开明的政府应该努力做到使青年人心悦诚服的爱戴，而不应该滥用权力去摧残一切能纠正或监督政府的势力。在外患最严重压迫的关头，在一个汉奸遍地的时势，国家最需要的是不畏强御的舆论和不顾利害的民气。我们这个国家今日所缺少的，不是顺民，而是有力量的诤臣义士。因此，近年政府钳制独立舆论和压迫好动的青年政策，我们都认为是国家不幸的事。

我们试回头想想，在三四年前，我们还能自信，国家的军备不能作战时，我们还有经济的武器可以使用。如今呢？可怜我们只许谈经济的提携了！这一项经济的武器的失其功能，一半由于没有政府的后盾，一半也由于舆论和爱国青年的被钳伏。

今年五六月之间，华北受了压迫，报纸不登一条新闻，不发一句评论，全国青年睡在鼓里，无声无息的几乎丢了整个的华北！

独立的舆论，爱国的青年，都无声无息的时候，所谓"自治"运动却公然抬头露面了。这是必然的结果。偌大的地面早已成了"无人之境"，奸人们还不公然活动，更待何时！

所以十二月九日北平各校的学生大请愿游行，是多年沉寂的北方青年界的一件最可喜的事。我们中年人尚且忍不住了，何况这些血气方刚的男女青年！

那一天下午三点多钟，我从王府井大街往北去，正碰着学生游行的队伍从东安门大街往南来。人数不算多，队伍不算整齐，但我们望见他们，真不禁有"空谷足音"之感了。

那一天的学生反对"自治"大请愿，虽然平津各报都不许记载，（《大公报》虽然登了，但因禁令还未解除，北平看不见。）却是天下皆知的壮举。天下人从此可以说，至少有几千中国青年学生是明白表示不承认那所谓"自治"的傀儡丑戏的。

但是九日以后，各校学生忽然陆续有罢课的举动，这是我们认为很不幸的。

罢课是最无益的举动。在十几年前，学生为爱国事件罢课可以引起全国的同情。但是"五四"以后，罢课久已成了滥用的武器，不但不能引起同情，还可以招致社会的轻视与厌恶。这是很浅显的事实，青年人岂不知道？

罢课不但不能丝毫感动抗议的对象，并且决不能得着绝大多数好学生的青年人的同情。所以这几天鼓动罢课的少数人全靠播弄一些无根的谣言来维持一种浮动的心理。城内各校传说清华大学死了一个女生；城外各校传说师范大学死了一个女生。其实都是毫无根据的谣言。这样的轻信，这样的盲动，是纯洁的青年学生界的耻辱。捏造这种谣言来维持他们的势力的人，是纯洁的青年运动的罪人。

我们爱护青年运动的人，不忍不向他们说几句忠告的话。

第一，青年学生应该认清他们的目标。在这样的变态政治之下，赤手空拳的学生运动只能有一个目标，就是用抗议的喊声来监督或纠正政府的措施。他们的喊声是舆论，是民意的一种表现。用在适当的时机，这种抗议是有力量的，可以使爱好的政府改过迁善，可以使不爱好的政府有所畏惧。认清了这一点，他们就可以明白一切超过这种抗议作用（舆论作用）的直接行动，都不是学生集团运动的目标。

第二，青年学生应该认清他们的力量。他们的力量在于组织，而组织必须建筑在法治精神的基础之上。法治精神只是明定规律而严守他。一切选举必须依法，一切讨论必须使人人能表现其意见，一切决议必须合法。必须如此，然后团体的各个分子可以心悦诚服，用自由意志来参加团体的活动。这样的组织才有力量。一切少数人的把持操纵，一切浅薄的煽惑，至多只能欺人于一时，终不能维持长久，终不能积厚力量。

第三，青年学生应该认清他们的方法。他们都在受教育的时代，所以一切学生活动都应该含有教育自己训练自己的功用。这不是附带的作用，这是学生运动的方法本身。凡自由的发表意见，虚心的研究问题，独立的评判是非，严格的遵守规则，勤苦的锻炼身体，牺牲的维护公众利益，这都是有教育价值与训练功用的。此外，凡盲从，轻信，武断，压迫少数，欺骗群众，假公济私，破坏法律，都不是受教育时代的青年人应该提倡的，所以都不是学生运动的方法。团体生活的单位究竟在于健全的个人人格。学生运动必须注意到培养能自由独立而又能奉公守法的个人人格。一群被人糊里糊涂牵着鼻子走的少年人，在学校时决不会有真力量，出了校门也只配做顺民，做奴隶，而已。

第四，青年学生要认清他们的时代。我们今日所遭的国难是空前的大难，现在的处境已够困难了，来日的困难还要千百倍于今日。在这个大难里，一切耸听的口号标语固然都是空虚无补，就是在适当时机的一声抗议至多也不过临时补漏救弊而已。青年学生的基本责任到底还在平时努力发展自己的知识与能力。社会的进步是一点一滴的进步。国家的力量也靠这个那个人的力量。只有拼命培养个人的知识与能力才是报国的真正准备功夫。

二十四，十二，十三

一九三二年十二月六日演讲于长沙中山堂

我们所应走的路

　　国难当前，我们究竟应该走哪条路，才能救国。我今天所讲的题目。就是《我们所应走的路》。我说的话，都是老生常谈，并没有新奇的高论。概括的说：（一）为己而后可以为人。（二）求学而后可以救国。我们十几年来，提倡新文化运动，究竟为的是什么。似乎大家都还不甚明白，今天我要说一说：我们当时所提倡的，是一种个人主义的人生观，换一句话说，就是修己而后可以爱人。我们当时提倡易卜生的文学，他的要点，就在"修己"，决没有一个人，对自己尚不能负责任，而能负责救人的。在易卜生的书里面，有一篇戏剧作品，描写一个女子娜拉，她很想做一个孝女良妻贤母，但是她能力不够，经过十年的奋斗，她才有一个大的发现，就是一个人对自己，不能负责的，决没有做孝女良妻贤母的资格。所以她决计离开家庭，去做修己的功夫。在这个故事所要表明的，就是无论何人，要能对自己尽责任，有了知识，有了能力，有了人格，而后能救国救我。

　　易卜生还有一篇戏剧著作，叫做《国民公敌》，描写有一个地方，有很好的泉水，相传可以疗病，所以到那里去养病和沐浴的人很多，那个地方因此繁盛起来。有一个医生忽然发现那里的水，不但不能医病，并且可以传染恶疾，因为里面有一种微菌，于人生很不相宜，他就想当众宣布出来：因为他的哥哥，是当地的市长，恐怕消息传出，妨害全市繁荣，所以不准他发表，全市的人民，也和他哥哥表同情，不准他把消息传到市外，以免游人和病人裹足不前，但是这医士，他既经发现有害人生命的微菌，就应该正式宣布，免得害人。结果，全市的人民，认他是全市民的公敌，置之于死地。这一出戏闭幕的时候，医生说：最强的人，就是能为真理而孤立的。用一句中国的俗话，就是有特立独行的人，是最强的，如果是为公理，就是全国人反对他，也得发表，即使个人受害，也是为社会牺牲。

从这两篇戏剧，我们可以发现两个原则：（一）努力发展个人的能力和人格。（二）要能够冲破一切障碍，完成一种真理。孔子说："古之学者为己，今之学者为人。"又说，"修己以敬"。"己欲立而立人，己欲达而达人"。这都是修己而爱人的道理。宋朝的王安石，是一个大政治家，他因为想改善政治和经济的状况，牺牲一切，是一个有特立独行的人，他做篇文章，论杨朱墨翟，主张要学杨朱为我，为我的工夫，没有做好，就不要轻谈墨翟的兼爱。他说学者必先为己，为己有余，而后可以为人，凡是不能为己的人，必沉沦堕落，决无救人的能力。十五年来社会的状况，很使我们失望，因为近来产生两种人生观：（一）自私自利的享乐主义。（二）眼光短浅的牺牲主义。

这些专知享乐的人，并不谋如何能够报答所受的享乐，这是错误的。至于那些为了主义，为了爱国一时的冲动，不顾一切，牺牲生命的青年，几年来不下数万人，我们对于这些青年，不能不拜服，但是虽然佩服，我们并不希望大家学他们这样做，因为没有修养，纵然牺牲，也还是不能救国。牺牲这样多的人，而于国无益，这完全是青年们还没有彻底的了解我们当时所提倡的新文化运动，或则因为我们没有把所抱的主义解释得十分清楚，这是我们应该忏悔的。一个青年最大的责任，要把自己这一块材料，造成一件有用的东西，自己还不能成器，哪里能够改造社会，即使牺牲，也不能够救国，所以第一条我们应走的路，就是修己以爱人，或者说为己而后可以为人。

再讲第二条路：我们应该走的，就是以"学术救国"。现在谈到救国，觉得很惭愧，我们国家受外侮，到此地步，究竟是什么缘故，直截了当的说，就是学术不如人。我们样样科学都要依赖别人，所以失败，我们现在要赶上学术与人家平等，我们才能得到国际间的真平等。我们现在说个故事，证明科学可以救国。法国有一个大科学家，名叫巴斯德，他就是一个以科学救国的实例。前几年法国有人征求大众的意见，究竟谁是法国最大的伟人，投票的结果，当选的不是拿破仑，或是其他军政要人，乃是这位大科学家巴斯德。他的票数，比拿破仑多一百多万，这种缘故，听我细细说来：

当一千八百七十年，普鲁士战败法军，拿破仑第三，攻入巴黎，迫法国作城下之盟。当时普国军队，烧毁一个很大的图书馆，和其他的文化机关，巴斯德很生气，他本是一个有名的学者，普鲁士大学就送他一个名誉博士的学位。他现在把这张博士文凭撕毁，写一封信给普鲁士大学，说："你们军队，这样野蛮，我耻于接受你们所予的学位，特地交还你们。"他虽然动气，但是他回头细想，法国的失败，是由于科学的不振作，当拿破仑第一时代，政府提倡科学，科学家与政府合作，所以能够强兵富国，后来法国政府，态度变更，蔑视科学，所以弄到一蹶不振。现在要挽回国运，除研究科学外，再无他道，于是集中全力，研究微菌学，他的发明，就是物必先有微生物，然后腐化，他这种发明，把我们中国"物腐而后虫生"的学说打倒了。

他这一点发明，就救了法国，因为法国三种大工业，第一是制酒，法国的酒窖，有长到三十英里的，所藏的酒量，非常之多，但是因为酒容易发酸，所以不能运往远处销售，也不能长久保留，他研究的结果，知道酒酸的缘故，是一种微生虫的作用。如果做酒到四十五度，立刻封好，就决不会酸的。因为这种发明，法国的酒，就可以推销全世界，每年可得赢余一万余万佛郎。第二种，法国的蚕丝，也是一种大工业，因为发生蚕病，每年损失到一万万元以上，巴斯德发明一种隔离蚕种，消灭蚕病的方法，救了法国的蚕业，每年也替国家增加一万多万佛郎的收入。第三，法国的牧畜业，也是很重要的，因为发生了一种兽瘟，牛羊倒毙无算。巴斯德检验病牛的身，知道其中有一种微生菌，他采用种牛痘的方法，发明一种注射防疫的新药，就是把病菌养在鸡汤里，然后注射到牛身上，和种牛痘一样的有效，试验结果，把兽瘟病完全治好，每年也替国家增加一万多万佛郎的收入。

　　三件事合起来，他每年为法国赚三万万佛郎，所以二十年之后，英国的赫胥黎说：德国所得法国的五十万万佛郎的赔款，由巴斯德一个人替国家偿还清楚了。这就是一个科学救国的实例。我们现在要学巴斯德，埋头去做一点有益于国家的学术研究，不然，空唤口号，是没有用的。我们每每看见一个强盗，将要上法场的时候，常说"二十年后，又是一条好汉"。我们青年，对于国家，也要有这样的精神，现在虽然受到种种外侮，二十年后，我们还是一个强大的中国。救国的方法很多，我今天不过只讲一样，希望大家努力，大凡一个国家的兴亡强弱，都不是偶然的，就是日本蕞尔三岛，一跃而为世界强国，再一跃而为世界五强之一，更进而为世界三大海军国之一，所以能够如此，也有他的道理，我们不可认为偶然的，我们想要抵抗日本，也应该研究日本，"知己知彼，百战百胜"。我们大家要使中国强盛，还要着实努力，我最后说一句话，作为今天的结论，就是"惟科学可以救国"。

十二月六日

今天我带病来参与开学典礼，很愿意听听诸位新教授的言论及对于我们的希望。我从一九一七年（民国六年）来到本校，参与了三年的开学典礼。一年得一年的教训，今天又是来亲受教训的日子了。

我本来不预备说话，但蒋先生偏偏提出我的谈话的一部分，偏偏把"且听下回分解"的话留给我说，所以我不能不来同诸位谈谈。

我暑假里，在南京高等师范的暑期学校里讲演，听讲的有七八百人，算是最时髦的教员了。这些教员是从十七省来的，故我常常愿意同他们谈天。他们见面第一句话就恭维我，说我是"新文化运动"的领袖。我听了这话，真是"惭惶无地"。因为我无论在何处，从来不曾敢说我做的是新文化运动。他们又常常问我，新文化的前途如何，我也实在回答不出来。我以为我们现在哪里有什么文化，我们北京大学，不是人称为新文化运动的中心吗？你看最近的一期《学艺杂志》里有一篇《对于学术界的新要求》，对于我们大学很有些忠实的规谏。他引的陈惺农先生对于编辑《北京大学月刊》的启事，我们大学里四百多个教职员，三千来个学生，共同办一个月刊，两年之久，只出了五本。到陈先生编辑的时候，竟至收不到稿子，逼得他自己做了好几篇，方才敷衍过去。《大学丛书》出了两年，到现在也只出了五大本。后来我们想，著书的人没有，勉强找几个翻译人，总该还有。所以我们上半年，弄了个《世界丛书》，不想五个月的经验结果，各处寄来的稿子虽有一百多种，至今却只有一种真值得出版。像这样学术界大破产的现象，还有什么颜面讲文化运动？所以我对于那一句话的答语，就是："现在并没有文化，更没有什么新文化。"再讲第二个问题，现在外面学界中总算有一种新的现象，是不能不承认。但这只可说是一种新动机、新要求，并没有他们所问的"新文化运动"。他们既然动了，按物理学的定律，绝不能再使不动。所以唯一的方法，就是把这种运动的趋向，引导到有用、有结果的路上去。

这种动的趋向有两个方面：

（一）普及。现在所谓"新文化运动"，实在说得痛快一点，就是新名词运动。拿着几个半生不熟的名词，什么解放、改造、牺牲、奋斗、自由恋爱、共产主义、无政府主义……你递给我，我递给你，这叫作"普及"。这种事业，外面干的人很多，尽可让他们干去，我自己是赌咒不干的，我也不希望我们北大同学加入。

（二）提高。提高就是——我们没有文化，要创造文化；没有学术，要创造学术；没有思想，要创造思想。要"无中生有"地去创造一切。这一方面，我希望大家一起加入，同心协力用全力去干。只有提高才能真普及，越"提"得"高"，越"及"得"普"。你看，桌上的灯绝不如屋顶的灯照得远，屋顶的灯更不如高高在上的太阳照得远，就是这个道理。

现在既有这种新的要求和新的欲望，我们就应该好好预备一点实在的东西，去满足这种新要求和新欲望。若是很草率的把半生不熟的新名词，去解决他们的智识饥荒，这岂不是耶稣说的"人问我讨面包，我却给他石块"吗？

我们北大这几年，总算是挂着"新思潮之先驱""新文化的中心"的招牌，但是我刚才说过，我们自己在智识学问这方面贫穷到这个地位，我们背着这块金字招牌，惭愧不惭愧，惭愧不惭愧！所以我希望北大的同仁、教职员与学生，以后都从现在这种浅薄的"传播"事业，回到一种"提高"的研究工夫。我们若想替中国造新文化，非从求高等学问入手不可。我们若想求高等学问，非先求得一些求学必需的工具不可。外国语、国文、基本科学，这都是求学必不可少的工具，我们应该拿着这种切实的工具，来代替那新名词的运动，应该用这种工具，去切切实实的求点真学问，把我们自己的学术程度提高一点。我们若能这样做去，十年二十年以后，也许勉强有资格可以当真做一点"新文化运动"了。二三十年以后，朱遏先先生和陈女士做中国现代史的时候，也许我们北大当真可以占一个位置。

我把以上的话总括起来说：

若有人骂北大不活动，不要管他；若有人骂北大不热心，不要管他。但是若有人说北大的程度不高，学生的学问不好，学风不好，那才是真正的耻辱！我希望诸位要洗刷了它。我不希望北大来做那浅薄的"普及"运动，我希望北大的同仁一齐用全力向"提高"这方面做工夫。要创造文化、学术及思想，唯有真提高才能真普及。

今天的纪念盛会，我很想说几句话；不幸我在病中，不能正坐写字，所以只能极简单的发表一个意见，一面纪念过去，一面希望将来。

我看这五年的北大，有两大成绩。第一是组织上的变化，从校长学长独裁制变为"教育治校"制；这个变迁的大功效在于：（一）增加教员对于学校的兴趣与情谊；（二）利用多方面的才智；（三）使学校的基础稳固，不致因校长或学长的动摇而动摇全体。第二是注重学术思想的自由，容纳个性的发展。这个态度的功效在于：（一）使北大成为国内自由思想的中心；（二）引起学生对于各种社会运动的兴趣。

然而我们今天反观北大的成绩，我们不能不感觉许多歉意。我们不能不说：学校组织上虽有进步，而学术上很少成绩；自由的风气虽有了，而自治的能力还是很薄弱的。

我们纵观今天展览的"出版品"，我们不能不挥一把愧汗。这几百种出版品之中，有多少部分可以算是学术上的贡献？近人说，"但开风气不为师"（龚定庵语）。此话可为个人说，而不可为一个国立的大学说。然而我们北大这几年的成绩只当得这七个字：开风气则有余，创造学术则不足。这不能不归咎于学校的科目了。我们有了二十四个足年的存在，而至今还不曾脱离"裨贩"的阶级！自然科学方面姑且不论：甚至于社会科学方面也还在裨贩的时候。三千年的思想、宗教、政治、法制、经济、生活、美术……的无尽资料，还不曾引起我们同仁的兴趣与努力！这不是我们的大耻辱吗？

至于自治一层，我们更惭愧了。三年组不成的学生会，到了上一个月，似乎有点希望了。然而两三星期的大发议论，忽然又烟消雾散了！十月十七日的风潮，还不够使我们感觉学生自治团体的需要吗？今回办纪念会的困难，还不够使我们感觉二千多人没有组织的痛苦吗？

我们当这个纪念过去的日子，应该起一种反省：

学校的组织趋向于教授治校，是一进步。

学校的组织与设备不能提高本校在学术上的贡献，是一大失败。

学校提倡学术思想上的自由，是不错的。

学校的自由风气不能结晶于自治能力的发展，是一大危机。

所以我个人对于这一次纪念会的祝词是：

祝北大早早脱离裨贩学术的时代，而早早进入创造学术的时代。

祝北大的自由空气与自治能力携手同程并进！

大学教育与科学研究

一九四七年十月十日在天津科学团体联合会上的讲演

方才进礼堂来，看大家都是有颜色的，我却是没颜色的。我在政治上没有颜色，在科学上也没有颜色。我也可算是一个科学者，因为历史也算一种科学。凡是用一种严格的求真理的站在证据之上来立说来发现真理，凡拿证据发现事实，评判事实，这都是一种科学的。希望明年"双十节"，史学会也能参加这会，条子也许会是白颜色的。

我今天讲一个故事，希望给负责教育行政或负责各学会大学研究部门的先生们一点意见。我讲的题是"大学教育与科学研究"，不用说，科学研究是以大学为中心。在古代却以个人为出发点，以个人为好奇心理，来造些粗糙器皿。还有，为什么科学发达起于欧洲呢？这一点很值得注意。对这虽有不少解释，可是我认为种种原因都不重要，最重要的是自中古以来留下好几十个大学。这些大学没有间断，如意大利伯罗尼亚大学，法国巴黎大学，英国牛津大学，剑桥大学等，这些都是远有一千年九百年或七八百年历史的，因此造成科学的革命。这些大学不断的继长增高，设备一天天增加，学风一天天养成，这

青春志 · 195

样才有了科学研究。研究人员终身研究，可是研究人才是从大学出来的，他们所表现的精神是以真理求真理。这一个故事是讲美国在最近几十年当中造成了几个好大学。美国以前没有 University 只有 College，美国有名符其实的大学是在南北美战争以后。为什么在七十年当中，美国一个人创立了一个大学，从这一个人创立了大学，提倡了新的大学的见解、观念、组织，把美国高等教育革命，因而才有今天使美国成为学术研究中心呢？美国去年出版了两个纪念专集，一个是威尔基专集，一个是吉尔曼专集。吉尔曼（D. C. Gilman）创立了约翰斯·霍普金斯（Johns Hopkings University）大学，后来许多大学都跟着他走，结果造成了今日美国学术领导的地位。大家听了这个故事，也许会从中得到一个 Stimulation。

话说九十四年前，有两个在耶尔学院的毕业生，一个是二十一岁的怀特，一个是二十五岁的吉尔曼，那时美国驻苏公使令此二人做随员，一个做了三年多，一个做了两年多。怀特于三十五岁时做了康奈尔的校长，吉尔曼四十一岁做了加利福尼亚大学校长，吉氏未做长久，两年后就辞职了。当时在美国东部鲍尔梯玛城有一个大富翁即霍普金斯，他在幼小时家穷，随母读书后去城内做买卖，因赚钱而开一公司，未几十年就当了财主。他在七十岁立一遗嘱，要将所有的遗产三百五十万美金分给一医学院和一大学做基金。一八七三年，他七十九岁逝世，他的遗嘱生了效。翌年，即开始创办大学，当时董事会请哈佛大学校长艾利阿特（C. W. Eliot）、康奈尔大学校长怀特和密士根大学校长安其尔来研究。那时以如此巨款办大学，真是空前的一件事，那时该校董事长的意思是要办一"大学"，可是请来的这三位校长却劝他们要顾及环境，说什么南方不如北方文化高啦，办大学不是从空气里能生长的等语。后来，董事会请他们三人推选校长，三人却不约而同地选出吉尔曼来当校长。吉尔曼做了校长，他发表了他的见解说，应全力提倡高等学术，致力于提倡研究考据，把本科四年功课让给别的学校教，我们来办研究院，我们要选科学界最高人才，给他们最高待遇，然后严格选取好学生，使他们发展到学术最高地步，每年并督促研究生报告研究成绩，并给予出版发表机会。因为那时的高才的教授们，都在教学院的学识浅近的学生，或受书训委托编浅近的教科书，如果给他们安定的生活，最高的待遇，便可以专心从事更高深的研究。这时吉尔曼四十四岁作该大学校长，并且，他决定了以下的政策：研究院外，办理附属本科。最初附属本科只二十三个学生，研究院五十多个，大约二与一之比；可是二十多年以后，研究院的学生到了四百多，附属本科仅一百多，却是四与一之比了。并且，第一步他聘请教授，第一位请的是希腊文教授费尔斯，四十五岁；第二位是物理学教授劳林，才二十八岁；第三位是数学教授塞尔威斯特，六十二岁；第四位是化学教授依洛宛斯；第五位是生物学教授纽尔马丁；第六位也是希腊文拉丁文教授查尔玛特斯。第二步他选了廿二个研究员，其中至少有十个以上成了大名。他的教授法，第一二年是背书，后二年讲演，自然科学也是讲演。第三步是创办科学刊物，这可算是美国发表科学刊物之创始。一八七六年，出版算学杂志，一八八〇年创刊语言学杂志，以及历史政治学杂志、逻辑学杂志、医生杂志等八大杂志，而开始了研究风气。

以上这三件事使美国风云变色。在这里我再谈谈办医学研究的重要：这个大学开幕已十年，医学院尚未开办，但因投资铁路失败，鲍尔梯玛城之女人出来集款，愿担负五十万美金的开办费，但有一条件是医学院开放招收女生。

当这大学的方针发表后，全美青年震动，有一廿一岁之青年威尔其（Welch），刚毕业于纽约医科学校。那时无一校有实验室，他因欲入大学，一八七六年赴欧洲做三学期之研究，一八七八年回美国，可是找不到实验室。最后终找一小屋，这是第一个美国"病理学研究室"，以廿五元开办。他做了五六年研究后，有一老人来找他，请他做霍普金斯医学院病理学教授，后并升任院长，创专任基本医学教授之制，而成立了医学研究所。

最后，吉尔曼于一九〇二年辞掉他已做了廿五年的校长，在那个典礼上，吉尔曼讲演，他说：约翰斯·霍普金斯给我们钱办大学，可是没有告诉我们大学的一个定义。我们要把创见的研究，作为大学的基础。这时，后来任美国总统，也是那个大学的第一班学生威尔逊站起来说："你是美国第一个大学的创始者，你发现真理、提倡研究，不但是在我们学校有成绩，给世界大学也有影响。你创始了这师生合作的精神，你是伟大的。"同时，以前曾被邀请参加创办大学意见的哈佛大学校长艾利阿特发表谈话，他说："你创立了研究院的大学，并且坚决地提高了全国各大学的学术研究，甚至连我们的哈佛研究院也受了你的影响，不得不用全体力量来发展研究。我要强调指出，大学在你领导之下是大成功，是提倡科学研究的创始，希望发现一点新知识，由此更引起新知识，这年轻的大学，有最多的成绩。我最后公开承认你的大学政策整个范围是对的。"

教育破产的救济方法还是教育

原载《大公报》『星期论文』
一九三四年八月十九日

　　我们中国人有一种最普遍的死症，医书上还没有名字，我姑且叫他做"没有胃口"。无论什么好东西，到了我们嘴里，舌头一舔，刚觉有味，才吞下肚去，就要作呕了。胃口不好，什么美味都只能"浅尝而止"，终不能下咽，所以我们天天皱起眉头，做出苦样子来，说：没有好东西吃！这个病症，看上去很平常，其实是死症。

　　前些年，大家都承认中国需要科学；然而科学还没有进口，早就听见一班妄人高唱"科学破产"了；不久又听见一班妄人高唱"打倒科学"了。前些年，大家又都承认中国需要民主宪政；然而宪政还没有入门，国会只召集过一个，早就听见一班"学者"高唱"议会政治破产"、"民主宪政是资本主义的副产物"了。

　　更奇怪的是今日大家对于教育的不信任。我做小孩子的时候，常听见人说这类的话："普鲁士战胜法兰西，不在战场上而在小学校里。""英国的国旗从日出处飘到日入处，其原因要在英国学堂的足球场上去寻找。"那时的中国人真迷信教育的万能！山东有一个乞丐武训，他终身讨饭，积下钱来就去办小学堂；他开了好几个小学堂，当时全国人都知道"义丐武训"的大名。这件故事，最可以表示那个时代的人对于教育的狂热。民国初元，范源濂等人极力提倡师范教育，他们的见解虽然太偏重"普及"而忽略了"提高"的方面，然而他们还是向来迷信教育救国的一派的代表。民国六年以后，蔡元培等人注意大学教育，他们的弊病恰和前一派相反，他们用全力去做"提高"的事业，却又忽略了教育"普及"的方面。但无论如何，范、蔡诸人都还绝对信仰教育是救国的唯一路子。民八至民九，杜威博士在中国各地讲演新教育的原理与方法，也很引起了全国人的注意。那时阎锡山在娘子关内也正在计划山西的普及教育，太原的种种补充小学师资的速成训练班正在极热烈的猛进时期，当时到太原游览参观的人都不能不深刻的感觉山西的一班领袖对于普及教育的狂热。

曾几何时，全国人对于教育好像忽然都冷淡了！渐渐的有人厌恶教育了，渐渐的有人高喊"教育破产"了。

从狂热的迷信教育，变到冷淡的怀疑教育，这里面当然有许多复杂的原因。第一是教育界自己毁坏他们在国中的信用：自从民八双十节以后北京教育界抬出了"索薪"的大旗来替代了"造新文化"的运动，甚至于不恤教员罢课至一年以上以求达到索薪的目的，从此以后，我们真不能怪国人瞧不起教育界了。第二是这十年来教育的政治化，使教育变空虚了；往往学校所认为最不满意的人，可以不读书，不做学问，而仅仅靠着活动的能力取得禄位与权力；学校本身又因为政治的不安定，时时发生令人厌恶的风潮。第三，这十几年来（直到最近时期），教育行政的当局无力管理教育，就使私立中学与大学尽量的营业化；往往失业的大学生与留学生，不用什么图书仪器的设备，就可以挂起中学或大学的招牌来招收学生；野鸡学校越多，教育的信用当然越低落了。第四，这十几年来，所谓高等教育的机关，添设太快了，国内人才实在不够分配，所以大学地位与程度都降低了，这也是教育招人轻视的一个原因。第五，粗制滥造的毕业生骤然增多了，而社会上的事业不能有同样速度的发展，政府机关又不肯充分采用考试任官的方法，于是"粥少僧多"的现象就成为今日的严重问题，做父兄的，担负了十多年的教育费，眼见子弟拿着文凭寻不到饭碗，当然要埋怨教育本身的失败了。

这许多原因（当然不限于这些），我们都不否认。但我要指出，这种种原因都不够证成教育的破产。事实上，我们今日还只是刚开始试办教育，还只是刚起了一个头，离那现代国家应该有的教育真是去题万里！本来还没有"教育"可说，怎么谈得到"教育破产"？产还没有置，有什么可破？今日高唱"教育破产"的妄人，都只是害了我在上文说的"没有胃口"的病症。他们在一个时代也曾跟着别人喊着要教育，等到刚尝着教育的味儿，他们早就皱起眉头来说教育是吃不得的了！我们只能学耶稣的话来对这种人说："啊！你们这班信心浅薄的人啊！"

我要很诚恳的对全国人诉说：今日中国教育的一切毛病，都由于我们对教育太没有信心，太不注意，太不肯花钱。教育所以"破产"，都因为教育太少了，太不够了。教育的失败，正因为我们今日还不曾真正有教育。

为什么一个小学毕业的孩子不肯回到田间去帮他父母做工呢？并不是小学教育毁了他。第一，是因为田间小孩子能读完小学的人数太少了，他觉得他进了一种特殊阶级，所以不屑种田学手艺了。第二，是因为那班种田做手艺的人也连小学都没有进过，本来也就不欢迎这个认得几担大字的小学生。第三，他的父兄花钱送他进学堂，心眼里本来也就指望他做一个特殊阶级，可以夸耀邻里，本来也就最不指望他做块"回乡豆腐干"重回到田间来。

对于这三个根本原因，一切所谓"生活教育"、"职业教育"，都不是有效的救济。根本的救济在于教育普及，使个个学龄儿童都得受义务的（不用父母花钱的）小学教育；使人人都感觉那一点点的小学教育并不是某种特殊阶级的表记，不过是个个"人"必需的东西，——和吃饭睡觉呼吸空气一样的必需的东西。人人都受了小学教育，小学毕业生自然不会做游民了。

中学教育和大学教育的许多怪现状，也不会是教育本身的毛病，也往往是这个过渡时期（从没有教育过渡到刚开始有教育的时期）不可避免的现状。因为教育太稀有，太贵；因为小学教育太不普及，所以中等教育更成了极少数人家子弟的专有品，大学教育更不用说了。今日大多数升学的青年，不一定都是应该升学的，只因为他们的父兄有送子弟升学的财力，或者因为他们的父兄存了"将本求利"的心思勉力借贷供给他们升学的。中学毕业要贴报条向亲戚报喜，大学毕业要在祠堂前竖旗杆，这都不是今日已绝迹的事。这样希有的宝贝（今日在初中的人数约占全国人口一千分之一；在高中的人数约占全国人口四千分之一；在专科以上学校的人数约占全国人口一万分之一！）当然要高自位置，不屑回到内地去，宁作都市的失业者而不肯做农村的导师了。

今日中等教育与高等教育所以还办不好，基本的原因还在于学生的来源太狭，在于下层的教育基础太窄太小，（十九年度全国高中普通科毕业生数不满八千人，而二十年度专科以上学校一年级新生有一万五千多人！）来学的多数是为熬资格而来，不是为求学问而来。因为要的是资格，所以只要学校肯给文凭便有学生。因为要的是资格，所以教员越不负责任，越受欢迎，而严格负责的训练管理往往反可以引起风潮；学问是可以牺牲的，资格和文凭是不可以牺牲的。

欲要救济教育的失败，根本的方法只有用全力扩大那个下层的基础，就是要下决心在最短年限内做到初等义务教育的普及。国家与社会在今日必须拼命扩充初等义务教育，然后可以用助学金和免费的制度，从那绝大多数的青年学生里，选拔那些真有求高等知识的天才的人去升学。受教育的人多了，单有文凭上的资格就不够用了，多数人自然会要求真正的知识与技能了。

这当然是绝大的财政负担，其经费数目的伟大可以骇死今日中央和地方天天叫穷的财政家。但这不是绝不可能的事。在七八年前，谁敢相信中国政府每年能担负四万万元的军费？然而这个巨大的军费数目在今日久已是我们看惯毫不惊讶的事实了！

所以今日最可虑的还不是没有钱，只是我们全国人对于教育没有信心。我们今日必须坚决的信仰：五千万失学儿童的救济比五千架飞机的功效至少要大五万倍！

二十三，八，十七

第四章

少年中国梦

人生就算是做梦，也要做一个热闹的，轰轰烈烈的好梦，不要做悲观的梦。既然辛辛苦苦的上台，就要好好的唱个好戏，唱个像样子的戏，不要跑龙套。

一九〇三年，我只有十二岁，那年十二月十七日，有美国的莱特弟兄作第一次飞机试验，用很简单的机器试验成功，因此美国定十二月十七日为飞行节。十二月十七日正是我的生日，我觉得我同飞行有前世因缘。我在前十多年，曾在广西飞行过十二天，那时我作了一首"飞行小赞"，这算是关于飞行的很早的一首辞。诸位飞过大西洋，太平洋，我在民国三十年，在美国也飞过四万英里，这表示我同诸位不算很隔阂。今天大家要我讲人生问题，这是诸位出的题目，我来交卷。这是很大的问题，让我先下定义，但是定义不是我的，而是思想界老前辈吴稚晖的。他说：人为万物之灵，怎么讲呢？第一，人能够用两只手做东西。第二，人的脑部比一切动物的都大，不但比哺乳动物大，并且比人的老祖宗猿猴的还要大。有这能做东西的两手和比一切动物都大的脑部，所以说人为万物之灵。人生是什么？即是人在戏台上演戏，在唱戏。看戏有各种看法，即对人生的看法叫做人生观。但人生有什么意义呢？怎样算好戏？怎样算坏戏？我常想：人生意义就在我们怎样看人生。意义的大小浅深，全在我们怎样去用两手和脑部。人生很短，上寿不过百年，完全可用手脑做事的时候，不过几十年。有人说，人生是梦，是很短的梦。有人说，人生不过是肥皂泡。其实，就是最悲观的说法，也证实我上面所说有没有意义全看我们对人生的看法。就算他是做梦吧，也要做一个热闹的，轰轰烈烈的好梦，不要做悲观的梦。既然辛辛苦苦的上台，就要好好的唱个好戏，唱个像样子的戏，不要跑龙套。人生不是单独的，人是社会的动物，他能看见和想象他所看不到的东西，他有能看到上至数百万年下至子孙百代的能力。无论是过去，现在，或将来，人都逃不了人与人的关系。比如这一杯茶（讲演桌上放着一杯玻璃杯盛的茶）就包括多少人的贡献，这些人虽然看不见，但从种茶，挑选，用自来水，自来水又包括电力等等，这有多少人的贡献，这就可以看出社会的意义。我们的一举一动，也都有社会的意义，譬如我随便往地上吐口痰，经太阳晒干，风一吹起，如果我有痨病，风可以把病菌带给几个人到无数人。我今天讲的话，诸位也许有人不注意，也许有人认为没道理，也许说胡适之胡说，是瞎说八道，也许有人因我的话回去看看书，也许竟一生受此影响。一句话，一句格言，都能影响人。我举一个极端的例子，两千五百年前，离尼泊尔不远地方，路上有一个乞丐死了，尸首正在腐烂。这时走来一位年轻的少爷叫 Gotama，后来就是释迦牟尼佛，这位少爷是生长于深宫中不知穷苦的，他一看到尸首，问这是什么？人说这是死。他说：噢！原来死是这样子，我们都不能不死吗？这位贵族少爷就回去想这问题，后来跑到森林中去想，想了几年，出来宣传他的学说，就是所谓佛学。这尸身腐烂一件事，就有这么大的影响。飞机在莱特兄弟做试验时，是极简单的东西，经四十年的工夫，多少人聪明才智，才发展到今天。我们一举一动，一言一行，一点行为都可以有永远不能磨灭的影响。几年来的战争，都是由希特勒的一本《我的奋斗》闯的祸，这一本书害了多少人？反过来说，一句好话，也可以影响无数人，我讲一个故事：民国元年，有一个英国人到我们学堂讲话，讲的内容很荒谬，但他的 O 字的发音，同普通人不一样，是尖声的，这也影响到我的 O 字发音，许多我的学生又受到我的影响。在四十年前，有一天我到一外国人家去，出来时鞋带掉了，那外国人提醒了我，并告诉我系鞋带时，把结头底下转一弯就不会掉了，我记住了这句话，并又告诉许多人，如今这外国人是死了，但他这句话已发生不可磨灭的影响。总而言之，从顶小的事情到顶大的像政治经济宗教等等，我们的一举一动都有不可磨灭的影响，尽管看不见，影响还是有。在孔夫子小时，有一位鲁国人说：人生有三不朽，即立德，立功，立言。立德就是最伟大的人格，像耶稣孔子等。立功就是对社会有贡献。立言包括思想和文学，最伟大的思想和文学都是不朽的。但我们不要把这句话看得贵族化，要看得平民化，比如皮鞋打结不散，吐痰，O的发音，都是不朽的。就是说：不但好的东西不朽，坏的东西也不朽，善不朽，恶亦不朽。一句好话可以影响无数人，一句坏话可以害死无数人。这就给我们一个人生标准，消极的我们不要害人，要懂得自己行为。积极的要使这社会增加一点好处，总要叫人家得我一点好处。再回来说，人生就算是做梦，也要做一个像样子的梦。宋朝的政治家王安石有一首诗，题目是"梦"。说："知世如梦无所求，无所求心普定寂，还似梦中随梦境，成就河沙梦功德。"不要丢掉这梦，要好好去做！即算是唱戏，也要好好去唱。

不受人惑

一九三一年胡适给北大哲学系毕业生的赠言

"一个大学里，哲学系应该是最不时髦的一系，人数应该最少。但北大的哲学系向来有不少的学生，这是我常常诧异的事。我常常想，这许多学生，毕业之后，应该做些什么事？能够做些什么事？现在你们都快毕业了。你们自然也在想：'我们应该做些什么？我们能够做些什么？'依我的愚见，一个哲学系的目的应该不是叫你们死读哲学书，也不是教你们接受某派某人的哲学。禅宗有个和尚曾说：'达摩东来，只是要寻求一个不受人惑的人。'我想借用这句话来说：'哲学教授的目的也只是要造就几个不受人惑的人。'你们应该做些什么？你们应该努力做个不受人惑的人。你们能做个不受人惑的人吗？这个全凭自己的努力。如果你们不敢十分自信，我这里有一件小小的法宝，送给你们带去做一件防身的的工具。这件法宝只有四个字：'拿证据来！'这里还有一只小小的锦囊，装作这件小小法宝的用法：'没有证据，只可悬而不断；证据不够，只可假设，不可武断；必须等到证实之后，方才可以算作定论。'必须自己能够不受人惑，方才可以希望指引别人不受人诱。朋友们大家珍重！"

二十，五，五

　　"博爱"就是爱一切人。这题目范围很大。在未讨论以前，让我们先看一个问题："我们的世界有多大？"

　　我的答复是"很大"！我从前念《千字文》的时候，一开头便已念到这样的辞句："天地玄黄，宇宙洪荒。"宇宙是中国的字，和英文的 Universe，World 意思差不多，都是抽象名词。宇是空间（Space）即东、南、西、北，宙是时间（Time）即古、今、旦、暮。《淮南子》说宇是上下四方，宙是古往今来。宇宙就是天地，宇宙就是 Time Space。古人能得"Universe"的观念实在不易，相当合于今日的科学。但古人所见的空间很小，时间很短，现在的观念已扩大了许多。考古学探讨千万年的事，地质学、古生物学、天文学等等不断的发现，更将时间空间的观念扩大。

　　现在的看法：空间是无穷的大，时间是无穷的长。

　　古人只见到八大行星，二十年前只见九大行星。现在所谓的银河，是古代所未能想象的到的。以前觉得太阳很远，现在说起来算不得什么，因为比太阳远千万倍的东西多得很。

科学就这样地答复了"宇宙究竟有多大？"这个问题。

现在谈第二点：博爱。

在这个大世界里谈博爱，真是个大问题。广义的爱，是世界各大宗教的最终目的。墨子可谓中国历史上最了不起的人，可说是宗教创立者（Founder of Religion），他提出"兼爱"为他的理论中心。兼爱就是博爱，是爱无等差的爱。墨子理论和基督教教义有很多相合的地方，如"爱人如己""爱我们的仇敌"等。

佛教哲学本谓一切无常，我亦无常，"我"是"四大"（土、水、火、风）偶然结合而成的，是十分简单的东西，因此无所谓爱与恨——根本不值得爱，也不值得恨。但早期佛教亦有爱的意念在：我既无常，可牺牲以为人。

和尚爱众生，但是佛教不准自食其力，所以有人称之为"叫花"（乞丐）宗教。自己的饭亦须取之于人，何能博爱？

古时很多人为了"爱"，每次登坑（大便）的时候便想，想，大想一番，想到爱人。有些人则以身喂蚊，或以刀割肉，以自身所受的痛苦来显示他们对人的爱。这种爱的方法，只能做到牺牲自己，在现代的眼光看来，是可笑的。这种博爱给人的帮助十分有限，与现代的科学——工程、医学……等所能给我们的"博爱"比起来，力量实在小得可怜。今日的科学增进了人类互助博爱的能力。就说最近意大利邮船 Andrea Doria 号遇难的事吧，短短的数小时内就救起千多人。近代交通、医学……等的发达，减少了人类无数的痛苦。

我们要谈博爱，一定要换一观念。古时那种喂蚊割肉的博爱，等于开空头支票，毫无价值。现在的科学才能放大我们的眼光，促进我们的同情心，增加我们助人的能力。我们需要一种以科学为基础的博爱——一种实际的博爱。

孔子说："修己以敬，修己以安人，修己以安百姓。"修己就是把自己弄好。我们应当先把自己弄好，然后帮助别人；独善其身然后能兼善大下。同学们，现在我们读书的时候，不要空谈高唱博爱；但应先努力学习，充实自己，到我们有充分能力的时候才谈博爱，仍不算迟。

主席、各位先生、各位小姐：

大家都知道四健会按原来英文"4—h clubs"的次序是 Head（头脑），Heart（心），Hands（手），Health（身体健康）。蒋梦麟先生在"四健运动"一文里，说"训练会员健手、健身、健脑、健心"。 梦麟先生改动四健的次序，好像不是无意的，我想他有意的要大家先从两只手开始，从健手健身做到健脑健心。

四健会的《会歌》里有这一句："行中求知精益求精。"这歌词是梦麟先生做的，四健会的标准语有"从工作中学习，从学习中工作"、"工作要先做计划，计划要切实推行"、"要以工作的纪录表现工作的成绩"。我猜想这几句标语里也有梦麟先生的手笔。蒋梦麟先生做了几十年教育教授，教了几十年的教育哲学，他是一个教育的哲学家，提倡这个"四健运动"。不是完全抄袭外国的"四—H CLUBS"的。他一定仔细想过，他好像已经不动声色的把他的教育哲学做了四健会的哲学了。

我的猜想未必全对，但你们这个"四健会"的背后有一种教育的哲学，是毫无可疑的。这种哲学就是"行中求知"，就是"从工作中学习，从学习中工作"。这就是四健会的教育哲学。这种哲学也可以说是孙中山先生的"行易知难"学说的一个中心思想，就是他说的"以行而求知，因知而进行"（《孙文学说》第五章）。这种哲学也可以说是蒋梦麟先生和我的老师杜威先生的实验主义的教育哲学，就是"教育就是生活，教育就是继续不断的改造我们的经验，要使我们的生活格外有意义，要使我们主管未来生活的能力格外高明"。

总而言之，我从旁观察，你们这个"四健运动"有一种教育哲学做中心，大概是因为你们参加这个运动的五六万青年朋友都是努力作实际工作的人，所以你们的哲学家蒋梦麟先生平时就不肯多谈这个运动背后的哲学了。

蒋先生叫我今日到这儿来谈话，我昨天才看见"年会活动时间表"，才知道我今天的任务是"专题讲稿"，我没有"专题"可以讲，只好来谈谈"四健会的哲学"，谈谈"四健会的教育哲学"，我的看法是：向三百位青年朋友谈谈你们这个运动背后的"哲学"，也许有一点用处，也许可以给你们的工作增添一点意义，增添一点新兴趣。所以我今天指出你们唱的四健《会歌》里的"行中求知"就是你们的哲学；你们的标语"从工作中学习，从学习中工作"，也就是你们的哲学。

"行中求知"四个字，"从工作中学习"六个字，都可以说是"四健运动"的远大的意义，根本的意义，所以说是你们的哲学，是你们的教育哲学。这就是说：你们生活的是一种新的教育方法，你们的工作就是学习，就是求知，就是学习活的知识，活的技能，就是增加生活的能力，就是活的教育。这就是说：教育不完全靠书本，不完全靠课堂上的教科书知识，不完全靠学校上课。活的教育，有用的教育，真实的教育可以从生活里得来，可以从工作中得来。这种从工作中得来的教育往往比课堂上书本里得来的教育还更有用，还更有价值。

这种"行中求知"，"从工作中学习"的教育哲学，我国思想史上曾有人主张过。这种哲学很有点像三百年前中国北方起来的一个学派的思想。那个北方学派叫做"颜氏学派"，因创立的哲学家叫做颜元，他号叫习斋，故也叫做"颜习斋学派"。

诸位四健会的青年朋友都是从农村来的，我要介绍给我们这位哲学家颜元是真正从农村出来的中国哲学家，他是直隶省博野县人，他的父亲从小被卖给邻县一个姓朱的做儿子，所以改姓朱，颜元小时也姓朱。他四岁时，满洲兵打进来，他的父亲正同朱家闹气，就跟着满洲兵跑到国外去了，从此没有信息。颜元十岁时，明朝亡国了，十二岁时，他母亲改嫁了，颜元就在朱家长大，在农村私塾里读书，他很聪明，也很顽皮，但因为他聪明，也读了不少杂书，也学做八股文章。后来朱家也衰败了，颜元到廿岁时，因为家贫无法维生，只有种田养家，又读了一些医书，学做医生；又考取了秀才，他就开了一个蒙馆教小学生，他一面种田，一面教小学生，有时还做医生，他的生活是北方农村的蒙馆先生的生活。

颜元喜欢读宋朝、明朝的哲学书，自命要做圣人贤人。宋朝、明朝的哲学家教人静坐，他做了十多年的理学功夫，到了三十四岁，他才从自己的痛苦经验中得到一种思想上的大感悟、大革命。

他发觉静坐是无用的，读书不是教育，他大胆的说：宋朝、明朝的大哲学家教人静坐，教人谈天说性，教人空谈道理，都是错的，都是错了路，都违反了中国古圣人孔子、孟子的思想，都不是真学问，也不是真教育，他反对静坐，反对读书，反对静的教育。他提倡一种动的教育、活的教育，他说，真的知识必须从动手实习做得来，因为他注重动，实做实习，所以他自己取"习斋"做名号。

宋朝以来的哲学家都爱讲"格物致知"。"格物"有种种说法，颜元都不赞成。他说"格物"的"格"字就是"手格野兽"的"格"字，"格"就是"犯手去做"，就是动手去做实习。他自己种田，又做医生，两种职业都需要动手去做，所以他的思想特别注重实做实习。所以他反对一切"谈天说性"的玄谈。

他说："谈天论性，聪明者如打诨猜拳，愚浊者如捉风听梦。"他有许多新鲜的、含有思想革命意味的见解，我只能引他两段话，来表现他的教育思想。

（一）以读经史订群书为穷理处事以求道之功，则相隔千里。以读经史订群书为即穷理处事，曰道在是焉，则相隔万里矣。……

譬之学琴然。《诗》《书》如琴谱也，烂熟琴谱，可谓学琴乎？更有妄人指琴谱曰是即琴也。……谱果琴乎？……歌得其调，抚娴其指，弦求中音，……声求协律，是谓之学琴矣，未为习琴也。……

手随心，音随手，……是谓之习琴矣，未为能琴也。

心与手忘，手与弦忘，手与弦忘，……于是乎命之曰能琴。

（二）譬之于医，《黄帝内经·素问·金匮》……所以明医理也。而疗疾救世则必诊脉、制药、针灸、摩砭为之力也。

今有妄人者，止览医书千百卷，熟读详说，以为予国手矣；视诊脉、制药、针灸、摩砭，以为术家之粗，不足学也。书日博，识日精，一人倡之，举世效之。岐、黄盈天下，而天下之人病相枕，死相接也。可谓明医乎？

愚以为从事方脉、药饵、针灸、摩砭、疗疾救世也，所以为医也。……若读尽医书而鄙视方脉、药饵、针灸、摩砭，此妄人也。不惟非岐黄，并非医也。尚不如习一科，验一方者之为医也。

这是颜习斋的"犯手去做"的教育哲学，也就是四健会"从工作中学习"、"行中求知"的教育哲学。

毕业班的诸位同学，现在都得离开学校去开始你们自己的事业了，今天的典礼，我们叫作"毕业"，叫作"卒业"，在英文里叫作"始业"（Commencement）。你们的学校生活现在有一个结束，现在你们开始进入一段新的生活，开始撑起自己的肩膀来挑自己的担子，所以叫作"始业"。

我今天承毕业班同学的好意，承阎校长的好意，要我来说几句话，我进大学是在五十年前（一九一〇），我毕业是在四十六年前（一九一四），够得上做你们的老大哥了，今天我用老大哥的资格，应该送你们一点小礼物，我要送你们的小礼物只是一个防身的药方，给你们离开校门，进入大世界，作随时防身救急之用的一个药方。

这个防身药方只有三味药：

第一味药叫做"问题丹"。

第二味药叫做"兴趣散"。

第三味药叫做"信心汤"。

第一味药，"问题丹"。就是说：每个人离开学校，总得带一两个麻烦而有趣味的问题在身边做伴，这是你们入世的第一要紧的救命宝丹。

问题是一切知识学问的来源，活的学问、活的知识，都是为了解答实际上的困难，或理论上的困难而得来的。年轻入世的时候，总得有一个两个不大容易解决的问题在脑子里，时时向你挑战，时时笑你不能对付他，不能奈何他，时时引诱你去想他。

只要你有问题跟着你，你就不会懒惰了，你就会继续有知识上的长进了。

学堂里的书，你带不走；仪器，你带不走；先生，他们不能跟你去，但是问题可以跟你走到天边！有了问题，没有书，你自会省吃省穿去买书；没有仪器，你自会卖田卖地去买仪器！没有好先生，你自会去找好师友；没有资料，你自会上天下地去找资料。

各位青年朋友，你今天离开学校，夹袋里准备了几个问题跟着你走？

第二味药，叫做"兴趣散"。这就是说：每个人进入社会，总得多发展一点专门职业以外的兴趣——"业余"的兴趣。

你们多数是学工程的，当然不愁找不到吃饭的职业，但四年前你们选择的专门职业，真是你们自己的自由志愿吗？你们现在还感觉你们手里的文凭真可以代表你们每个人终身的志愿，终身的兴趣吗？——换句话说，你们今天不懊悔吗？明年今天还不会懊悔吗？

你们在这四年里，没有发现什么新的、业余的兴趣吗？在这四年里，没有发现自己在本行以外的才能吗？

总而言之，一个人应该有他的职业，又应该有他的非职业的玩意儿。不是为吃饭而是心里喜欢做的，用闲暇时间做的，——这种非职业的玩意儿，可以使他的生活更有趣、更快乐、更有意思，有时候，一个人的业余活动也许比他的职业还更重要。

英国十九世纪的两个哲学家，一个是弥儿（J. S. Mill），他的职业是东印度公司的秘书，他的业余工作使他在哲学上、经济学上、政治思想史上，都有很大的贡献。一个是斯宾塞（Herbert Spencer），他是一个测量工程师，他的业余工作使他成为一个很有势力的思想家。

英国的大政治家丘吉尔，政治是他的终身职业，但他的业余兴趣很多，他在文学、历史两方面，都有大成就；他用余力作油画，成绩也很好。

美国大总统艾森豪威尔先生，他的终身职业是军事，人都知道他最爱打高尔夫球，但我们知道他的油画也很有工夫。

各位青年朋友，你们的专门职业是不用愁的了，你们的业余兴趣是什么？你们能做的，爱做的业余活动是什么？

第三味药，我叫它做"信心汤"。这就是说，你总得有一点信心。

我们生存在这个年头，看见的、听见的，往往都是可以叫我们悲观、失望的——有时候竟可以叫我们伤心，叫我们发疯。

这个时代，正是我们要培养我们的信心的时候，没有信心，我们真要发狂自杀了。

我们的信心只有一句话："努力不会白费，"没有一点努力是没有结果的。

对你们学工程的青年人，我还用多举例来说明这种信心吗？工程师的人生哲学当然建筑在"努力不白费"的定律的基石之上。

我只举这短短几十年里大家都知道的两个例子：

一个是亨利·福特（Henry Ford），这个人没有受过大学教育，他小时半工半读，只读了几年书，十六岁就在一小机器店里做工，每周工钱两块半美金，晚上还得去帮别家做夜工。

五十七年前（一九〇三）他三十九岁，他创立 Ford Motor Co.（福特汽车公司），原定资本十万元，只招得两万八千元。

五年之后（一九〇八），他造成了他的最出名的 model T 汽车，用全力制造这一种车子。

一九一三年——我已在大学三年级了，福特先生创立他的第一副"装配线"（Assembly line）。

一九一四年，——四十六年前，——他就能够完全用"装配线"的原理来制造他的汽车了。同时（一九一四）他宣布他的汽车工人每天只工作八点钟，比别处工人少一点钟——而每天最低工钱五元美金，比别人多一倍。

他的汽车开始是九百五十元一部，他逐年减低卖价，从九百五十元直减到三百六十元——第一次世界大战之后，减到二百九十元一部。

他的公司，在创办时（一九〇三）只有两万八千元的资本，——到二十三年之后（一九二六）已值得十亿美金了！已成了全世界最大的汽车公司了。一九一五年，他造了一百万部汽车；一九二八年，他造了一千五百万部车。

他的"装配线"的原则在二十年里造成了全世界的"工业新革命"。

福特的汽车在五十年中征服全世界的历史还不能叫我们发生"努力不白费"的信心吗？

第二个例子是航空工程与航空工业的历史。

也是五十七年前——一九〇三年十二月十七，正是我十二整岁的生日，——那一天，在北加罗林那州的海边 Kitty Hawk 沙滩上，两个修理脚踏车的匠人，兄弟两人，用他们自己制造的一只飞机，在沙滩上试起飞，弟弟叫 Orville Wright，他飞起了十二秒钟。哥哥叫 Wilbur Wright，他飞起了五十九秒钟。

那是人类制造飞机飞在空中的第一次成功，——现在那一天（十二月十七日）是全美国庆祝的"航空日"——但当时并没有人注意到那两个弟兄的试验，但这两个没有受过大学教育的脚踏车修理匠人，他们并不失望，他们继续试飞，继续改良他们的飞机，一直到四年半之后（一九〇八年五月），才有重要的报纸来报导那两个人的试飞，那时候，他们已能在空中飞二十八分钟了！

这四十年中，航空工程的大发展，航空工业的大发展，这是你们学工程的人都知道的，航空工业在最近三十年里已成了世界最大工业的一种。

我第一次看见飞机是在一九一二年。我第一次坐飞机是在一九三〇年（三十年前）。我第一次飞过太平洋是在二十三年前（一九三七年）；第一次飞过大西洋是在十五年前（一九四五年），当我第一次飞渡太平洋的时候，从香港到旧金山总共费了七天！去年我第一次坐 Jet 机，从旧金山到纽约，五个半钟点飞了三千英里！下月初，我又得飞过太平洋，当天中午起飞，当天晚上就到美国西岸了！

五十七年前，Kitty Hawk 沙滩上两个脚踏车修理匠人自造的一个飞机居然在空中飞起了十二秒钟，那十二秒钟的飞行就给人类打开了一个新的时代，——打开了人类的航空时代。

这不够叫我们深信"努力不会白费"的人生观吗？

古人说："信心可以移山"（Faith moves mountains），又说，"功不唐捐"（唐是空的意思），又说，"只要功夫深，生铁磨成绣花针。"

青年的朋友，你们有这种信心没有？

附录 ——— 一个最低限度的国学书目^①

序　言

　　这个书目是我答应清华学校胡君敦元等四个人拟的。他们都是将要往外国留学的少年，很想在短时期中得着国故学的常识。所以我拟这个书目的时候，并不为国学有根柢的人设想，只为普通青年人想得一点系统的国学知识的人设想。这是我要声明的第一点。

　　这虽是一个书目，却也是一个法门。这个法门可以叫做"历史的国学研究法"，这四五年来，我不知收到多少青年朋友询问"治国学有何门径"的信。我起初也学着老前辈们的派头，劝人从"小学"入手，劝人先通音韵训诂。我近来忏悔了！那种话是为专家说的，不是为初学人说的；是学者装门面的话，不是教育家引人入胜的法子。音韵训诂之学自身还不曾整理出个头绪系统来，如何可作初学人的入手工夫？十几年的经验使我不能不承认音韵训诂之学

———————————
① 原载《东方杂志》第二十卷第四号，1923 年 2 月 25 日。

只可以作"学者"的工具,而不是"初学"的门径。老实说来,国学在今日还没有门径可说;那些国学有成绩的人大都是下死工夫笨干出来的。死工夫固是重要,但究竟不是初学的门径。对初学人说法,须先引起他的真兴趣,他然后肯下死工夫。在这个没有门径的时候,我曾想出一个下手方法来:就是用历史的线索做我们的天然系统,用这个天然继续演进的顺序做我们治国学的历程。这个书目便是依着这个观念做的。这个书目的顺序便是下手的法门。这是我要声明的第二点。

这个书目不单是为私人用的,还可以供一切中小学校图书馆及地方公共图书馆之用。所以每部书之下,如有最易得的版本,皆为注出。

一 工具之部

《书目举要》(周贞亮,李之鼎) 南城宜秋馆本。这是书目的书目。

《书目答问》(张之洞) 刻本甚多,近上海朝记书庄有石印"增辑本"最易得。

《四库全书总目提要》附存目录 广东图书馆刻本,又点石斋石印本最方便。

《汇刻书目》(顾修) 顾氏原本已不适用,当用朱氏增订本,或上海北京书店翻印本,北京有益堂翻本最廉。

《续汇刻书目》(罗振玉) 双鱼堂刻本。

《史姓韵编》(汪辉祖) 刻本稍贵,石印本有两种。此为《廿四史》的人名索引,最不可少。

《中国人名大辞典》 商务印书馆。

《历代名人年谱》(吴荣光) 北京晋华书局新印本。

《世界大事年表》(傅运森) 商务印书馆。

《历代地理韵编》《清代舆地韵编》(李兆洛) 广东图书馆本,又坊刻《李氏五种》本。

《历代纪元编》(六承如) 《李氏五种》本。

《经籍籑诂》(阮元等) 点石斋石印本可用。读古书者,于寻常典外,应备此书。

《经传释词》(王引之) 通行本。

《佛学大辞典》(丁福保等译编) 上海医学书局。

二　思想史之部

《中国哲学史大纲》上卷　（胡适）商务印书馆。

【二十二子】：

《老子》《庄子》《管子》《列子》

《墨子》《荀子》《尸子》《孙子》

《孔子集语》《晏子春秋》《吕氏春秋》《贾谊新书》

《春秋繁露》《扬子法言》《文子缵义》《黄帝内经》

《竹书纪年》《商君书》《韩非子》《淮南子》

《文中子》《山海经》

浙江公立图书馆（即浙江书局）刻本。上海有铅印本亦尚可用。汇刻子书，以此部为最佳。

《四书》（《论语》《大学》《中庸》《孟子》）最好先看白文，或用朱熹集注本。

《墨子间诂》（孙诒让）　原刻本，商务印书馆影印本。

《庄子集释》（郭庆藩）　原刻本，石印本。

《荀子集注》（王先谦）　原刻本，石印本。

《淮南鸿烈集解》（刘文典）　商务印书馆出版。

《春秋繁露义证》（苏舆）　原刻本。

《周礼》　通行本。

《论衡》（王充）　通津草堂本（商务印书馆影印）；湖北崇文书局本。

《抱朴子》（葛洪）　平津馆丛书本最佳，亦有单行的；湖北崇文书局本。

《四十二章经》　金陵刻经处本。以下略举佛教书。

《佛遗教经》　同上。

《异部宗轮论述记》（窥基）　江西刻经处本。

《大方广佛华严经》（东晋译本）　金陵刻经处本。

《妙法莲华经》（鸠摩罗什译）　同上。

《船若纲要》（葛鼎彗）《大般若经》太繁，看此书很够了。扬州藏经院本。

《般若波罗密多心经》（玄奘译）

《金刚般若波罗密经》（鸠摩罗什译，菩提流支译，真谛译）

以上两书，流通本最多。

《阿弥陀经》（鸠摩罗什译） 此书译本与版本皆极多，金陵刻经处有《阿弥陀经要解》（智旭）最便。

《大方广圆觉了义经》（即《圆觉经》）（佛陀多罗译）金陵刻经处白文本最好。

《十二门论》（鸠摩罗什译） 金陵刻经处本。

《中论》（同上）扬州藏经院本。

以上两种，为三论宗"三论"之二。

《三论玄义》（隋吉藏撰） 金陵刻经处本。

《大乘起信论》（伪书）此虽是伪书，然影响甚大。版本甚多，金陵刻经处有沙门真界纂注本颇便用。

《大乘起信论考证》（梁启超） 此书介绍日本学者考订佛书真伪的方法，甚有益。商务印书馆将出版。

《小止观》（一名《童蒙止观》，智顗撰） 天台宗之书不易读，此书最便初学。金陵刻经处本。

《相宗八要直解》（智旭直解） 金陵刻经处本。

《因明入正理论疏》（窥基疏） 金陵刻经处本。

《大慈恩寺三藏法师传》（慧立撰） 玄奘为中国佛教史上第一伟大人物，此传为中国传记文学之大名著。常州天宁寺本。

《华严原人论》（宗密撰） 有正书局有合解本，价最廉。

《坛经》（法海录） 流通本甚多。

《古尊宿语录》 此为禅宗极重要之书，坊间现尚无单行刻本。《大藏经》缩刷本腾字四至六。

《宏明集》（梁僧祐集） 此书可考见佛教在晋宋齐梁士大夫间的情形。金陵刻经处本。

《韩昌黎集》（韩愈） 坊间流通本甚多。

《李文公集》（李翱） 三唐人集本。

《柳河东集》（柳宗元） 通行本。

《宋元学案》（黄宗羲，全祖望等） 冯云濠刻本，何绍基刻本，光绪五年长沙重印本。坊间石印本不佳。

《明儒学案》（黄宗羲） 莫晋刻本最佳。坊间通行有江西本，不佳。

以上两书，保存原料不少，为宋明哲学最重要又最方便之书。此下所列，乃是补充这两书之缺陷，或是提出几部不可不备的专家集子。

《直讲李先生集》（李觏） 商务印书馆印本。

《王临川集》（王安石） 通行本。商务印书馆影印本。

《二程全书》（程颢、程颐） 六安涂氏刻本。

《朱子全书》（朱熹） 六安涂氏刻本；商务印书馆影印本。

《朱子年谱》（王懋竑） 广东图书馆本，湖北书局本。此书为研究朱子最不可少之书。

《陆象山全集》（陆九渊） 上海江左书林铅印本很可用。

《陈龙川全集》（陈亮） 通行本。

《叶水心全集》（叶适） 通行本。

《王文成公全书》（王守仁） 浙江图书馆本。

《困知记》（罗钦顺） 嘉庆四年翻明刻本。正谊堂本。

《王心斋先生全集》（王艮） 近年东台袁氏编订排印本最好，上海国学保存会寄售。

《罗文恭公全集》（罗洪先） 雍正间刻本，《四库全书》本与此不同。

《胡子衡齐》（胡直） 此书为明代哲学中一部最有条理又最有精彩之书。《豫章丛书》本。

《高子遗书》（高攀龙） 无锡刻本。

《学蔀通辨》（陈建） 正谊堂本。

《正谊堂全书》（张伯行编） 这部丛书搜集程朱一系的书最多，欲研究"正统派"的哲学的，应备一部。全书六百七十余卷，价约三十元。初刻本已不可得，现行者为同治间初刻本。

《清代学术概论》（梁启超） 商务印书馆。

《日知录》（顾炎武） 用黄汝成《集释》本。通行本。

《明夷待访录》（黄宗羲） 单行本。扫叶山房《梨洲遗著汇刊》本。

《张子正蒙注》（王夫之） 《船山遗书》本。

《思问录内外篇》（王夫之） 同上。

《俟解》一卷，《噩梦》一卷（王夫之） 同上。

《颜李遗书》（颜元，李塨）　《畿辅丛书》本可用。北京四存学会增补全书本。

《费氏遗书》（费密）　成都唐氏刻本。（北京大学出版部寄售）

《孟子字义疏证》（戴震）《戴氏遗书》本。国学保存会有铅印本，但已卖缺了。

《章氏遗书》（章学诚）　浙江图书馆排印本，上海刘翰怡新刻全书本。

《章实斋年谱》（胡适）　商务印书馆出版。

《崔东壁遗书》（崔述）道光四年陈履和刻本；《畿辅丛书》本只有《考信录》，亦可够用了。全书现由亚东图书馆重印，不久可出版。

《汉学商兑》（方东树）　此书无甚价值，但可考见当日汉宋学之争。单行本，朱氏《槐庐丛书》本。

《汉学师承记》（江藩）　通行本，附《宋学师承记》。

《新学伪经考》（康有为）　光绪辛卯初印本；新刻本只增一序。

《史记探源》（崔适）　初刻本；北京大学出版部排印本。

《章氏丛书》（章炳麟）　康宝忠等排印本；浙江图书馆刻本。

三　文学史之部

《诗经集传》（朱熹）　通行本。

《诗经通论》（姚际恒）　闻商务印书馆将重印。

《诗本谊》（龚橙）　浙江图书馆《半广丛书》本。

《诗经原始》（方玉润）　闻商务印书馆不久将有重印本。

《诗毛氏传疏》（陈奂）　《清经解续编》卷七百七十八以下。

《檀弓》　《礼记》第二篇。

《春秋左氏传》　通行本。

《战国策》　商务印书馆有铅印补注本。

《楚辞集注》，附《辨证后语》（朱熹）　通行本；扫叶山房有石印本。

《全上古三代秦汉三国六朝文》（严可均编）　广雅书局本。此书搜集最富，远胜于张溥的《汉魏六朝百三家集》。

《全汉三国晋南北朝诗》（丁福保编）　上海医学书局出版。

《古文苑》（章樵注）　江苏书局本。

《续古文苑》（孙星衍编）　江苏书局本。

《文选》（萧统编） 上海会文堂有石印胡刻李善注本最方便。

《文心雕龙》（刘勰） 原刻本；通行本。

《乐府诗集》（郭茂倩编） 湖北书局刻本。

《唐文粹》（姚铉编） 江苏书局本。

《唐文粹补遗》（郭麟编） 同上。

《全唐诗》（康熙朝编） 扬州原刻本，广州本，石印本，五代词亦在此中。

《宋文鉴》（吕祖谦编） 江苏书局本。

《南宋文范》（庄仲方编） 同上。

《南宋文录》（董兆熊编）同上。

《宋诗抄》（吕留良、吴之振等编）商务印书馆本。

《宋诗抄补》（管庭芬等编） 商务印书馆本。

《宋六十家词》（毛晋编） 汲古阁本，广州刊本，上海博古斋石印本。

《四印斋王氏所刻宋元人词》（王鹏运编刻） 原刻本，板存北京南阳山房。

《疆邨所刻词》（朱祖谋编刻） 原刻本。

王朱两位刻的词集都很精，这是近人对于文学史料上的大贡献。

《太平乐府》（杨朝英编） （四部丛刊）本。

《阳春白雪》（杨朝英编） 南陵徐氏《随庵丛书》本。

以上两种为金元人曲子的选本。

《董解元弦索西厢》（董解元） 刘世衍《暖红室汇刻传奇》本。

《元曲选一百种》（臧晋叔编） 商务印书馆有影印本。

《金文最》（张金吾编） 江苏书局本。

《元文类》（苏天爵编） 同上。

《宋元戏曲史》（王国维） 商务印书馆本。

《京本通俗小说》 这是七种南宋的话本小说，上海蟫隐庐《烟画东堂小品》本。

《宣和遗事》 《士礼居丛书》本；商务印书馆有排印本。

《五代史平话》 残本 董康刻本。

《明文在》（薛熙编） 江苏书局本。

《列朝诗集》（钱谦益编） 国学保存会排印本。

《明诗综》（朱彝尊编） 原刻本。

《六十种曲》（毛晋编刻） 汲古阁本。此书善本已不易得。

《盛明杂剧》（沈泰编） 董康刻本。

《暖红室汇刻传奇》（刘世珩编刻） 原刻本。

《笠翁十二种曲》（李渔） 原刻巾箱本。

《九种曲》（蒋士铨） 原刻本。

《桃花扇》（孔尚任） 通行本。

《长生殿》（洪昇） 通行本。

清代戏曲多不胜举；故举李蒋两集，孔洪两种历史戏，作几个例而已。

《曲苑》 上海古书流通处（？）编印本。此书汇集关于戏曲的书十四种，中如焦循《剧说》，如梁辰鱼《江东白苎》，皆不易得。石印本价亦廉，故存之。

《缀白裘》 这是一部传奇选本，虽多是零篇，但明末清初的戏曲名著都有代表的部分存在此中。在戏曲总集中，这也是一部重要书了。通行本。

《曲录》（王国维） 《晨风阁丛书》本。

《湖海文传》（王昶编） 所选都是清朝极盛时代的文章，最可代表清朝"学者的文人"的文学。原刻本。

《湖海诗传》（王昶编） 原刻本。

《鲒埼亭集》（全祖望） 借树山房本。

《惜抱轩文集》（姚鼐） 通行本。

《大云山房文稿》（恽敬） 四川刻本，南昌刻本。

《文史通义》（章学诚） 贵阳刻本，浙江局本，铅印本。

《龚定庵全集》（龚自珍） 万本书堂刻本。国学扶轮社本。

《曾文正公文集》（曾国藩） 《曾文正全集》本。

清代古文专集，不易选择；我经过很久的考虑，选出全，姚，恽，章，龚，曾六家来作例。

《吴梅村诗》（吴伟业） 《梅村家藏稿》（董康刻本，商务印书馆影印本）本，无注。此外有靳荣藩《吴诗集览》本，有吴翌凤《梅村诗集笺注》本。

《瓯北诗钞》（赵翼） 《瓯北全集》本，单行本。

《两当轩诗钞》（黄景仁） 光绪二年重刻本。

《巢经巢诗钞》（郑珍） 贵州刻本；北京有翻刻本，颇有误字。

《秋蟪吟馆诗钞》（金和）　铅印全本；家刻本略有删减。

《人境庐诗钞》（黄遵宪）　日本铅印本。

清代诗也很难选择。我选梅村代表初期，瓯北与仲则代表乾隆一期；郑子尹与金亚匏代表道咸同三期；黄公度代表末年的过渡时期。

明清两朝小说：

《水浒传》（施耐庵）亚东图书馆三版本。

《西游记》（吴承恩）　亚东图书馆再版本。

《三国志》（罗贯中）　亚东图书馆本。

《儒林外史》（吴敬梓）　亚东图书馆四版本。

《红楼梦》（曹霑）　亚东图书馆三版本。

《水浒后传》（陈忱，自署古宋遗民）　此书借宋徽钦二帝事来写明末遗民的感慨，是一部极有意义的小说。亚东图书馆《水浒续集》本。

《镜花缘》（李汝珍）　此书虽有"掉书袋"的毛病，但全篇为女子争平等的待遇，确是一部很难得的书。亚东图书馆本。

以上各种，均有胡适的考证或序，搜集了文学史的材料不少。

《今古奇观》　通行本。可代表明代的短篇。

《三侠五义》　此书后经俞樾修改，改名《七侠五义》。此书可代表北方的义侠小说。旧刻本。《七侠五义》　流通本较多。亚东图书馆不久将有重印本。

《儿女英雄传》（文康）　蜚英馆石印本最佳；流通本甚多。

《九命奇冤》（吴沃尧）　广智书局铅印本。

《恨海》（吴沃尧）　通行本甚多。

《老残游记》（刘鹗）　商务印书馆铅印本。

以上略举十三种，代表四五百年的小说。

《五十年来的中国文学》（胡适）　本书卷二。

跋

文学史一部，注重总集；无总集的时代，或总集不能包括的文人，始举别集。因为文集太多，不易收买，尤不易遍览，故为初学人及小图书馆计，皆宜先从总集下手。